Matthias Böhme

Rationell lesen

Tempo gewinnen und die
Merkfähigkeit erhöhen

POCKET BUSINESS

Cornelsen

Die Internetadressen, die in diesem Buch angegeben sind, wurden vor Drucklegung geprüft (Stand: Mai 2007). Der Verlag übernimmt keine Gewähr für die Aktualität und den Inhalt dieser Adressen und Dateien und solcher, die mit ihnen verlinkt sind.

Verlagsredaktion: Christine Schlagmann
Technische Umsetzung: Holger Stoldt, Düsseldorf
Umschlaggestaltung: Katrin Nehm, Berlin
Titelfoto: © mauritius images / imagebroker.net

Informationen über Cornelsen Fachbücher und Zusatzangebote:
www.cornelsen-berufskompetenz.de

1. Auflage

© 2007 Cornelsen Verlag Scriptor GmbH & Co. KG, Berlin

Druck: Druckhaus Berlin-Mitte

ISBN 978-3-589-21968-1

 Inhalt gedruckt auf säurefreiem Papier aus nachhaltiger Forstwirtschaft.

Vorwort

„*Welche Seminare gibst du eigentlich am liebsten?*", werde ich manchmal gefragt. „*Meine Schneller-Lesen-Seminare*", antworte ich dann und ernte dafür oftmals Unverständnis: „*Im Leben geht doch ohnehin schon alles so schnell, überall müssen wir uns beeilen und das Tempo erhöhen. Jetzt soll ich auch noch schneller lesen und mir dabei Stress machen? Nein, danke! Lesen ist eines der wenigen Dinge, die ich noch nicht im Zeitraffer und unter Druck machen muss, und das soll auch so bleiben.*" Das sind Einwände, die ich häufig zu hören bekomme.

Dabei erreichen Sie mit einer schnelleren Lesetechnik genau das Gegenteil dieser Befürchtung: Sie haben weniger Stress und gewinnen mehr zeitliche Freiheiten. Wenn Sie schneller fertig sind mit dem Durcharbeiten der Texte, die Sie lesen müssen, können Sie die eingesparte Zeit für Wichtigeres nutzen. Ob das ein aktuelles Projekt ist, der Abbau von Überstunden oder einfach mehr Zeit für die Familie, das entscheiden Sie.

Stellen Sie sich vor, Sie fahren mit einem alten „Entchen", also einem Citroën 2CV mit immerhin 16 PS (ein solches Auto bin ich tatsächlich einmal gefahren!) auf der Autobahn durch eines der deutschen Mittelgebirge. Manch eine Steigung quälen Sie sich im zweiten Gang mit 20 oder 30 km/h hinauf. „*Jetzt ein paar PS mehr*", wünschen Sie sich in dieser Lage, „*100 PS dürften es ruhig sein, gern auch mehr.*" Verständlich, denn das Fahren wäre dann nicht mehr so stressig und ermüdend. Eher im Gegenteil, denn wenn Sie schneller vorankämen, könnten Sie morgens länger schlafen, weil Sie später losfahren müssten. Sie könnten unterwegs eine zusätzliche Pause einlegen und würden entspannter und früher ans Ziel kommen.

Sie sehen: Geschwindigkeit kann Ihnen auch Ruhe und Gelassenheit geben. Und wenn Sie trotzdem mal langsam fahren möchten – z.B. an einem lauen Sommerabend mit offenem Verdeck und Ihrem Partner / Ihrer Partnerin auf dem Beifahrersitz durch das Rheintal bei der Loreley – hindert Sie nichts daran.

Und Sie haben tatsächlich eine Menge PS parat, die Sie noch nicht nutzen – und zwar in Ihrem Kopf, im Gehirn, beim Lesen. Legen Sie also auch beim Lesen ein paar PS zu. Sie können sehr schnell 50 und 100 Prozent schneller werden, z.B. mithilfe dieses Buches oder eines zweitägigen Seminars. Und wenn Sie auch darüber hinaus am Ball bleiben, ist das noch lange nicht das Ende Ihrer Möglichkeiten.

Wie lange lesen Sie beruflich pro Tag? Zwei Stunden, drei oder mehr? Denken Sie an Ihre Briefe, E-Mails, Präsentationen, Berichte, Pressespiegel, Fachartikel, Protokolle, Umläufe, Fachliteratur …: Sie brauchen nicht lange zu rechnen, um zu wissen, welches Einsparungspotenzial Sie haben. Selbst wenn Sie nur die Übungen zum Schnelllesen in Kapitel 3 absolvieren, werden Sie Ihr Lesetempo um -zig Prozent steigern – garantiert! Ich habe es in meinen Seminaren noch nicht anders erlebt.

Inhalt

1 Lesen und Lesekompetenz

1.1 Wozu ratio(sch)neller lesen?

Sobald ein Kind in der ersten oder zweiten Klasse der Grundschule beim Lesen eines Textes nicht mehr laut mitspricht, nimmt man an, dass es lesen kann. Diese Fähigkeit wird dann häufig nicht weiter gefördert oder trainiert.
Doch jeder Mensch, der in einer Disziplin wirklich gute Fähigkeiten entwickeln will, muss sein Können weiter trainieren: Er besorgt sich Tipps, tauscht Erfahrungen mit anderen aus oder lässt sich sogar coachen und trainieren. Um besser zu werden, muss er an die Grenzen seines Könnens vorstoßen, er muss sich fordern. Ein Läufer wird nicht besser, indem er nur spazieren und wandern geht, und so wird sich Ihr Lesevermögen auch nur begrenzt durch reines Lesen optimieren lassen. Sie brauchen Training und Herausforderungen.

Mithilfe dieses Buches können Sie in Sachen Lesen die folgenden Punkte verbessern:

◆ Geschwindigkeit,
◆ Verständnis,
◆ Merkfähigkeit,
◆ Zielorientierung,
◆ Selektion,
◆ Selbstvertrauen.

1.2 Was ist überhaupt Lesen?

Lesen ist mehr als die bloße Dekodierung von Buchstaben. Lesen bedeutet, schriftlich niedergelegte Informationen aufzunehmen und zu verstehen.

Ursprünglich bedeutete „lesen" so viel wie „sammeln, auflesen, einzeln einsammeln". Noch heute findet sich diese alte Bedeutung in folgenden Wörtern wieder:

- „Auslesen" und „Auslese": das Aussuchen oder Auswählen nach vorgegebenen Qualitätsmerkmalen
- „Verlesen" wie in „handverlesen": Objekte nach sorgfältiger Begutachtung der Qualität und Eigenschaften aussuchen
- „Erlesen": ein durch besonders edle und wertvolle Eigenschaften ausgesuchtes Objekt
- „Auflesen": das Einsammeln von Dingen
- „Lese", z.B. Weinlese: die Ernte von Weintrauben
- „Federlesen" in „nicht viel Federlesens machen": die harten Teile nur nachlässig aus den weichen Federn heraussortieren (zur Füllung von Kissen) bzw. im übertragenen Sinne: keine großen Umstände machen

Unser heutiges Verständnis von „lesen" lässt sich angesichts der Wortgeschichte damit erklären, dass Lesen gewissermaßen das sorgfältiges „Aufsammeln" von Zeichen ist.
Lesen ist heute die Grundsäule der Bildung. Man schätzt, dass über 70 Prozent des Wissens, über das ein Mensch verfügt, über das Lesen aufgenommen werden.

1.3   ZDF (Zahlen, Daten, Fakten)

Zum Buchmarkt

Auf dem deutschen Buchmarkt wurden 2004 rund 9,1 Milliarden Euro zu Endverbraucherpreisen erwirtschaftet. Die Produktion der deutschen Buchverlage umfasst rund 960 Millionen Bücher und ähnliche Druckerzeugnisse, wobei jährlich etwa 80.000 Titel neu erscheinen bzw. neu aufgelegt werden. Damit gehört Deutschland zu den führenden Buchnationen. (Die Zahlen entstammen Berechnungen des Bör-

senvereins des Deutschen Buchhandels e.V., vgl. www.boer-
senverein.de.) Ein deutscher Durchschnittshaushalt gibt im
Monat zwölf Euro für Bücher aus (vgl. www.destatis.de).

Zum Leseverhalten der Deutschen

Angaben des Statistischen Bundesamtes zufolge lesen die
Deutschen täglich rund 45 Minuten. Davon entfallen 22 Minuten auf die Lektüre von Zeitungen. Zieht man außerdem
die Zeit ab, die im Schnitt für die Lektüre von Gebrauchsan-
weisungen, Broschüren und dergleichen verwendet wird,
bleiben für Bücher ganze acht Minuten täglich.
Zwischen den Generationen gibt es deutliche Unterschiede
im Lesekonsum: Die unter 24-Jährigen lesen in ihrer Freizeit
nur etwa eine halbe Stunde pro Tag. In der Altersgruppe der
25- bis 40-Jährigen ist es schon fast eine Stunde und die über
65-Jährigen lesen 75 Minuten am Tag.
Wie eine Studie der Stiftung Lesen gezeigt hat, steigt jedoch
in allen Altersgruppen die Zahl der Kaum- bzw. Wenigleser.
Sie lag 2001 bei 45 Prozent. Die gleiche Studie hat ergeben,
dass nur noch sechs Prozent der Deutschen täglich in einem
Buch lesen. 1992 waren es noch 16 Prozent.

Geschwindigkeit: Wie schnell liest man?

Wenn wir über Lesegeschwindigkeit reden, meinen wir nicht
nur das Tempo, denn zum Lesen gehört natürlich auch das
Verständnis. Was nützt es Ihnen, wenn Sie ein Buch in Mi-
nutenschnelle „lesen", aber anschließend nichts über den
Inhalt wissen? Doch wie viel müssen Sie von einem Text verstehen? Wie viel behalten Sie, wenn Sie herkömmlich lesen?
Nun: Deutsche Leser behalten im Durchschnitt zwischen 60
und 70 Prozent der Inhalte.
Um den Zusammenhang von Lesegeschwindigkeit und Verständnis zu ermitteln, errechnet man eine effektive Leserate,
indem man das tatsächlich Gelesene mit dem Nicht-Ver-
standenen oder Nicht-Aufgenommenen verrechnet.

Gibt es Geschlechtsunterschiede beim Lesen?

Wenn man hinsichtlich des Themas Lesen die Geschlechter miteinander vergleicht, fallen deutliche Unterschiede ins Auge.

Lesekompetenz

Das weibliche Geschlecht ist hier eindeutig im Vorteil, und das setzt schon früh ein: Mädchen beginnen eher zu sprechen als Jungen, ihnen werden häufiger Bücher geschenkt, bei ihnen wird das Lesen mehr gefördert.
In der Vorschulzeit nimmt der Wortschatz von Mädchen schnell zu, während bei ihren männlichen Altersgenossen in diesem Lebensabschnitt häufig Probleme bei der Sprachentwicklung diagnostiziert werden. In der Grundschule haben Mädchen die bessere Schrift und eine korrektere Rechtschreibung.
Dieser Vorsprung beim Lesen setzt sich, wie die PISA-Studien gezeigt haben, in der Sekundarstufe I fort. In der Sekundarstufe II wählen dann deutlich mehr Schülerinnen als Schüler Deutsch und Fremdsprachen als Leistungskurse, und das geht auch im Studium so weiter.

Neben möglicherweise genetisch bedingten Unterschieden könnte eine Erklärung für diese Differenzen in der Entwicklung von Lesekompetenz sein, dass es auf dem Kinder- und Jugendbuchmarkt viel „emanzipatorische" Literatur für Mädchen gibt (man denke etwa an Ronja Räubertochter, Pippi Langstrumpf und Co.). Die Interessen der Jungen werden hingegen oft nicht vom Buchangebot, sondern eher zum Beispiel von Computerspielen bedient.

Leseinhalte

Aber nicht nur in Sachen Lesekompetenz, sondern auch bei
den Leseinhalten zeigen sich Unterschiede zwischen den
Geschlechtern: Während Belletristik eine Frauendomäne ist,
lesen Männer eher Bücher über Geschichte, Politik und zu
Do-it-yourself-Themen (vgl. www.querelles-net.de/forum/
forum10-3.shtml).

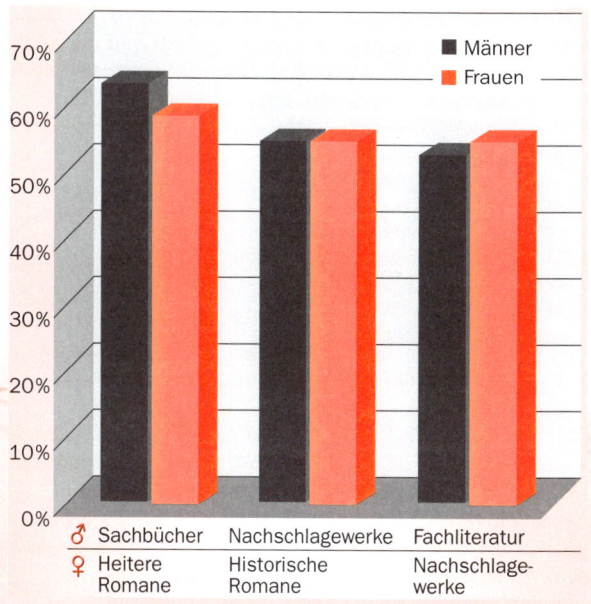

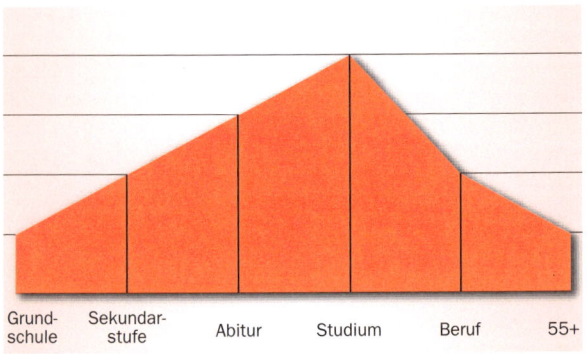

| Grund-schule | Sekundar-stufe | Abitur | Studium | Beruf | 55+ |

Die Lesegeschwindigkeit ändert sich im Lauf eines Lebens. Sie nimmt nach dem Erlernen des Lesens stetig bis zum Ende des Studiums, dem Höhepunkt des Lernens, zu und nimmt dann wieder langsam ab. Die Lesegeschwindigkeit ist u.a. durch die Menge und den Schwierigkeitsgrad des Lesestoffs bedingt. Wird nur einfacher oder wenig Lesestoff konsumiert, sinkt sie. Das erklärt, warum ältere Menschen wieder langsamer lesen. Ein direkter Zusammenhang zwischen sinkender Lesegeschwindigkeit und der Denkleistung im Alter wurde nicht gefunden.

Mit Training und den richtigen Techniken lässt sich die Lesegeschwindigkeit unabhängig vom Alter um 50, 100 oder gar mehrere hundert Prozent steigern.

1.4 Informations- und Lesekompetenz

Informations- und Lesekompetenz sind in unserer Gesellschaft grundlegende Voraussetzungen für den beruflichen Erfolg. Worin bestehen sie?
Als Lesekompetenz bezeichnet man die Fähigkeit, aus Texten den Inhalt und den Zusammenhang herauszulesen und zu verstehen.

Informationskompetenz steht für effizienten und kompetenten Umgang mit Informationen durch Selektion, Strukturierung und Reproduktion. Diese Kompetenz befähigt Menschen, Informationen zu lokalisieren, zu beurteilen und zu nutzen. Lebenslanges Lernen, Lernen in Selbstorganisation, das Aneignen von Wissen ist ohne diese Kompetenz in westlichen Ländern kaum möglich.

Lese- und Informationskompetenz bedeutet also mehr als einfach nur lesen zu können. Fernsehen ist konsumorientiert, die Bilder und Inhalte werden fertig geliefert.

Beim Lesen entstehen die Bilder und Informationen durch eine aktive Dekodier- und Konstruktionsleistung des Lesenden.

Der Inhalt muss aus den Buchstaben dechiffriert werden; die Bedeutung ergibt sich aus der Verknüpfung des Inhalts mit dem eigenen (Vor-)Wissen und Erfahrungsschatz.

Informationskompetenz wird an weiterführenden Schulen inzwischen gezielt gelehrt und gefördert, denn sie gilt wie gesagt als eine der Schlüsselqualifikationen auf dem Arbeitsmarkt: Über 70 Prozent aller Informationen werden über das Lesen aufgenommen. Grundvoraussetzung für die Informationskompetenz ist daher die Lesekompetenz. Die Voraussetzungen hierfür wiederum sind:

- (Vor-)Wissen,
- kognitive Grundfähigkeit,
- Lesesozialisation,
- Sprachfähigkeit,
- Erfahrungsschatz,
- Dekodierfähigkeit,
- Lernstrategiewissen,
- Lesemotivation.

Laut einer Studie der OECD ist das Pro-Kopf-Einkommen eines Landes umso höher, je höher der Bildungsstand dieses Landes liegt. Fast alle Topverdiener mit einem Einkommen von über 100.000 Euro im Jahr lesen jährlich 20 oder mehr

Fachbücher. Nahezu alle erfolgreichen Führungskräfte der Welt sind Menschen, die schnell und viel lesen:

◆ Ein Unternehmer, der viele Bücher über Management, Marketing, Mitarbeitermotivation und Kundenbeziehungen liest, erzielt langfristig deutlich mehr Gewinn.

◆ Ein Verkäufer, der jeden Tag drei verschiedene Zeitungen und Zeitschriften liest, findet über die jeweiligen Interessensgebiete viel leichter einen Draht zu seinen Kunden und wird als besonders kompetent weiterempfohlen.

◆ Der Mitarbeiter eines Unternehmens, der seine Lesearbeit dreimal schneller als der Durchschnitt erledigt und dadurch mehr Zeit für wesentliche Aufgaben hat und durch erhöhte Weiterbildung deutlich motivierter ist, trägt überdurchschnittlich zum Erfolg seines Unternehmens bei und wird entsprechend belohnt.

Haben wir erst einmal eine grundlegende Lesekompetenz erworben, können wir diese nicht mehr abschalten: Wir sind zum Lesen gezwungen. Es ist uns dann nicht mehr möglich, etwas Geschriebenes *nicht* zu lesen. Das können Sie testen:

Aufgabe: Lesezwang

Nehmen Sie vier Stifte in den Farben Rot, Blau, Grün und Gelb zur Hand. Schreiben Sie auf ein DIN-A4-Blatt mehrfach die Wörter „rot", „blau", „grün" und „gelb" und verwenden Sie dafür jeweils eine andere Farbe als diejenige, die das Wort bezeichnet. Schreiben Sie das Wort „rot" also z.B. mit dem blauen Stift, das Wort „gelb" mit dem roten Stift etc.
Sehen Sie sich anschließend ein Wort nach dem anderen an und nennen Sie laut die Farbe, in der das Wort geschrieben ist. Lesen Sie dabei nicht die Wörter, denn der Inhalt der Wörter lenkt Sie von der Aufgabe ab.

Haben Sie die Aufgabe gemacht? Bestimmt konnten auch Sie nicht anders, als die Wörter zu lesen, und der Inhalt hat Sie irritiert, weil er Ihrer Aufgabe zu ähnlich war, oder?

2 Quer und/oder diagonal lesen

Nur einen Teil des Textes lesen

In diesem Kapitel geht es um Lesetechniken, bei denen Sie nur einen Teil des Textes lesen und so einen Überblick über die Inhalte bekommen. Sie lesen also nicht schneller, sondern weniger. In Kapitel 3 und 4 lernen Sie Techniken und Übungen kennen, mit denen Sie, obwohl Sie Zeile um Zeile alles lesen, Ihre Geschwindigkeit verdoppeln können.

Von „quer oder diagonal lesen" spricht man, weil das Auge die Seite quer bzw. in diagonaler Richtung von der linken oberen zu rechten unteren Ecke überfliegt. Auf diese Weise nehmen Sie etwa zwei bis drei Wörter pro Zeile bzw. 25 Prozent des Gesamttextes wahr und erhalten einen ganz guten Überblick über das Thema. Natürlich können sich die Augen auch in einem anderen Muster über die Seite bewegen, z.B. wellen- oder zickzack-förmig.

Wollen Sie einen Text nur teilweise lesen, um einen Überblick zu bekommen, empfehle ich auch folgende Methoden:

Den ersten Satz eines Absatzes lesen

Absätze machen Sinnzusammenhänge deutlich. Jeder neue Absatz bedeutet in der Regel einen kleinen Gedankensprung, innerhalb eines Absatzes wird dagegen der Gedanke ausgeführt. Der erste Satz eines Absatzes führt meist in diesen neuen Gedanken ein.

Statt diagonal zu lesen, können Sie also auch nur den jeweils ersten Satz eines Absatzes lesen.

Handelt es sich um lange Absätze, empfiehlt es sich, auch noch den letzten Satz zu lesen, der oft das Gesagte zusammenfasst. Die Methode eignet sich für die Lektüre mehrseitiger Fachartikel.

Lassen Sie sich durch ein Beispiel überzeugen. Sie lesen im Folgenden die ersten Sätze jedes Abschnitts eines Zeitschriftenartikels:

In Trance unterm Messer

Während ihr die Haut vom Gesicht gezogen wird, wandelt die Patientin in Gedanken durch einen Blumengarten. An der Universitätsklinik von Lüttich ist Hypnose eine Alternative zur Vollnarkose, ein wirksames Verfahren – wenn man dafür empfänglich ist.

Mitten in der Operation öffnet die Patientin plötzlich die Augen.

Als die Patientin die Augen öffnet, verharrt Fissette.

Bei einer normalen Operation wären die offenen Augen eine Katastrophe – ein Zeichen dafür, dass der Cocktail aus Betäubungsmitteln zu niedrig dosiert war und die Patientin vorzeitig aus der Narkose gedriftet ist.

Sie liegt in einem modernen Universitätskrankenhaus in der belgischen Stadt Lüttich und wird von Ärzten betreut, für die Vollnarkosen Routine sind – auch bei Eingriffen wie dem ihren.

Auf Kopfhöhe der Patientin steht ein CD-Spieler, aus dem sanfte Musik und Vogelgezwitscher plätschern.

„Bitte schließen Sie die Augen wieder", sagt Faymonville nun.

Seit 14 Jahren setzen Faymonville und ihre Kollegen immer wieder Hypnose ein, um Patienten, die das möchten, eine Vollnarkose zu ersparen, bisher schon rund 5.100 Mal.

In Deutschland und anderswo wird Hypnose auch zunehmend angewandt, um Rheuma- und Migränepein zu lindern, Angstpatienten beim Zahnarzt zu entspannen, Verbrennungsopfern den Verbandswechsel zu erleichtern, posttraumatischen Stress zu therapieren, werdenden Müttern eine medikamentenfreie Geburt zu ermöglichen, Schlafprobleme zu kurieren, Stress zu bewältigen sowie um Rauchentzug und Diäten zu unterstützen.

Die große Mehrheit der Ärzte freilich schreckt vor Hypnose zurück, und man mag es ihnen nicht verdenken.

Was steckt hinter dem merkwürdigen Phänomen Hypnose?

Hypnose wurde in Europa erstmals im 18. Jahrhundert populär.

[...]

Sie haben jetzt knapp 30 Prozent des Textes (248 Wörter = 29,3 % des Gesamttextes) gelesen und dennoch das Wichtigste erfahren. Testen Sie es selbst, indem Sie nun den kompletten Text lesen:

In Trance unterm Messer

Während ihr die Haut vom Gesicht gezogen wird, wandelt die Patientin in Gedanken durch einen Blumengarten. An der Universitätsklinik von Lüttich ist Hypnose eine Alternative zur Vollnarkose. Das ist kein Hokuspokus, sondern ein wirksames Verfahren – wenn man dafür empfänglich ist.

Von Ute Eberle

Mitten in der Operation öffnet die Patientin plötzlich die Augen. Da ist Jean Fissette, der Chirurg, bereits eine gute Stunde an ihrem Gesicht zugange. Er hat die Haut von der rechten Schläfe bis zum Ohr aufgeschnitten und sie bis zur Nase abgezogen, sodass das rohe Fleisch der Wangen bloßlag. Dann hat er sie straffgezogen und mit sorgfältigen Stichen wieder festgenäht. Blut sickerte in die blonden Locken der Frau und tropfte von dort auf Fissettes Schuhe. Es hat auch seine behandschuhten Hände bereits gründlich verschmiert, dabei ist die Schönheitsoperation erst halb vorbei – die linke Seite muss noch geliftet werden.

Als die Patientin die Augen öffnet, verharrt Fissette. Maske und Haube verdecken den größten Teil seiner Mimik, sie lassen nur ein paar faltenumkränzte Augen frei. Aus diesen blickt er die Patientin prüfend an. Er sagt keinen Ton.

Bei einer normalen Operation wären die offenen Augen eine Katastrophe – ein Zeichen dafür, dass der Cocktail aus Betäubungsmitteln zu niedrig dosiert war und die Patientin vorzeitig aus der Narkose gedriftet ist. Doch das hier ist keine normale Operation. Zwar hängt die Patientin an einem Tropf, aber sie ist nicht narkotisiert. Sondern hypnotisiert.

Sie liegt in einem modernen Universitätskrankenhaus in der belgischen Stadt Lüttich und wird von Ärzten betreut, für die Vollnarkosen Routine sind – auch bei Eingriffen wie dem ihren. Dennoch hat sie sich dagegen entschieden. Stattdessen verlässt sie sich auf die Methode von Heilern im antiken Babylon, von Schamanen und Medizinmännern. Eine Methode, bei der selbst Experten bis heute streiten, wie sie funktioniert – und ob sie überhaupt funktionieren kann.

Auf Kopfhöhe der Patientin steht ein CD-Spieler, aus dem sanfte Musik und Vogelgezwitscher plätschern. Daneben sitzt Marie Elisabeth Faymonville, die Narkoseärztin, die an diesem Morgen das Hypnotisieren übernommen hat. Die Professorin hat kastanienbraune Locken, trägt eine golden eingefasste Brille und strahlt die unerschütterliche Souveränität einer erfahrenen Lehrerin aus. Sie hält die Hand der blonden Patientin und versichert ihr immer wieder mit beruhigender Stimme: „Sie liegen ganz entspannt, Sie fühlen sich ganz wohl", während sie gleichzeitig ein scharfes Auge auf die Monitore hält, die piepend und grün flickernd Herzschlag, Atemfrequenz und Puls der Operierten vermelden.

„Bitte schließen Sie die Augen wieder", sagt Faymonville nun. Die Frau auf dem Operationstisch gehorcht. Der Chirurg hebt wieder das Skalpell.

Seit 14 Jahren setzen Faymonville und ihre Kollegen immer wieder Hypnose ein, um Patienten, die das möchten, eine Vollnarkose zu ersparen, bisher schon rund 5.100 Mal. Damit verzichten sie durchschnittlich siebenmal pro Woche darauf, einen Menschen mit sinnesraubenden Medikamenten voll zu pumpen, und versetzen ihn stattdessen in einen Trancezustand, in dem er von seiner Umwelt – den Messern, den Nadeln, dem zertrennten Gewebe – nichts mitbekommt. Während die Patienten tschilpenden Vögeln oder rauschenden Wellen lauschen, brechen die Mediziner mit Hammer und Meißel Nasen und setzen sie formschön wieder zusammen; sie schneiden Brüste auf und schälen Tumore heraus, schnippeln an Schilddrüsen und entfernen Gebärmütter. „Die Langzeitwirkungen von Vollnarkosen sind ja noch gar nicht gut erforscht", sagt Faymonville. „Wenn man sie vermeiden kann, sollte man das tun."

In Deutschland und anderswo wird Hypnose auch zunehmend angewandt, um Rheuma- und Migränepein zu lindern, Angstpatienten beim Zahnarzt zu entspannen, Verbrennungsopfern den Verbandswechsel zu erleichtern, posttraumatischen Stress zu therapieren, werdenden Müttern eine medikamentenfreie Geburt zu ermöglichen, Schlafprobleme zu kurieren, Stress zu bewältigen sowie um Rauchentzug und Diäten zu unterstützen. Die Deutsche Gesellschaft für Hypnose – ein Verband, der sich 1982 mit 24 Mitgliedern gründete – wuchs in den vergangenen Jahren auf rund 700 Angehörige, unter ihnen Kinderärzte, Internisten und Gynäkologen.

Die große Mehrheit der Ärzte freilich schreckt vor Hypnose zurück, und man mag es ihnen nicht verdenken. Denn außerhalb der Arztpraxen genießt die Hypnose weiterhin ungebrochene Beliebtheit in der Unterhaltung der Massen. Bühnenhypnotiseure in der ganzen Welt haben die Lacher auf ihrer Seite, wenn sie einem Opfer aus dem Publikum einreden, er sei ein schwuler Friseur.

Was steckt hinter dem merkwürdigen Phänomen Hypnose? Seit kurzem versucht die Wissenschaft, diese uralte Frage mit Hilfe moderner Geräte wie Magnetresonanz- oder Positronen-Emissions-Tomografen (PET) zu beantworten. Was sie bislang herausfanden, wirft allerdings oft mehr Rätsel auf, als es löst.

Hypnose wurde in Europa erstmals im 18. Jahrhundert populär. Damals glaubte ein österreichischer Arzt namens Franz Anton Mesmer, dass körperliche Leiden von Störungen in einer Kraft, die er „animalischen Magnetismus" nannte, verursacht werden und durch Magnetfelder kuriert werden könnten. Seine These wurde so populär, dass er Gruppenheilungen abhielt, bei denen seine Patienten um Holzwannen saßen, die Mesmer mit Eisenspänen, Glaspulver und angeblich magnetisiertem Wasser gefüllt hatte. Während die Kranken Stäbe umklammerten, die aus den Wannen ragten, fielen viele in etwas, das Mesmer als „Krise" bezeichnete und moderne Ärzte vermutlich als epileptischen Anfall diagnostizieren würden. Unter Mesmers Nachfolgern entwickelte sich daraus eine schlafwandlerische Trance, in der die Betroffenen scheinbar willenlos Anweisungen folgten, an die sie sich später nicht mehr erinnern konnten (hypnos stammt aus dem Griechischen und bedeutet Schlaf).

[...]

Den ersten Absatz eines Kapitels lesen

Analog zu dem oben beschriebenen Verfahren können Sie bei längeren Texten oder Büchern auch kapitelweise vorgehen, indem Sie nur den jeweils ersten und letzten Absatz eines Kapitels lesen. Im ersten Absatz befindet sich meist eine Einleitung oder eine Übersicht über das Kapitel, der letzte Absatz ist oft eine Zusammenfassung des gesamten Kapitels.

Typografisches

Das Wichtigste bekommen Sie auch mit, wenn Sie nur typografisch hervorgehobene Stellen wie *Kursives,* **fett Gedrucktes** oder Überschriften lesen. Auch Aufzählungen fassen Inhalte gut zusammen. Eingerahmte oder unterlegte Texte sind ebenfalls sehr aussagekräftig.

Schlüsselwörter

Wenn Sie bestimmte Inhalte suchen, scannen Sie den Text nach bestimmten Schlüssel- bzw. Fachwörtern ab. Legen Sie vorher fest, welche Wörter Sie finden wollen – Sie werden erstaunt sein, wie gut Sie diese mit ein wenig Übung im Text finden. Lesen Sie dann nur das unmittelbare Umfeld des gefundenen Schlüsselbegriffs.

Ein Beispiel mag dies verdeutlichen: Manche Kinder bessern ihr Taschengeld auf, indem sie auf Volksfesten und Veranstaltungen leere Flaschen und Dosen suchen und dann gegen das Pfand wieder zurückgeben. Es ist erstaunlich, wie gut diese Kinder auch verborgene Flaschen finden, denn sie sind ja darauf „geeicht". Genauso können Sie sich auf die Schlüsselwörter fokussieren, die Sie in einem Text suchen.

> **Übung**
>
> Nehmen Sie ein beliebiges Buch mit einem Register. Wählen Sie aus dem Register ein beliebiges Wort und suchen Sie es im Buchtext. Lesen Sie nicht den Text, sondern überfliegen Sie ihn, bis Ihnen das Schlüsselwort ins Auge sticht.

Mithilfe dieser Techniken lassen sich längere Texte zügig durcharbeiten – allerdings auf Kosten des Textverständnisses und des Detailwissens. Sie werden meist von ihrem Anwender individuell nach Erfahrung und Textart an die jeweilige Situation angewandt und angepasst.

3 Komplett, aber schnell lesen: Dreifacher Turbolader

Alles lesen und doch doppelt so schnell werden

Sie wollen in erster Linie *schneller* lesen? Dann sind dieses Kapitel und Kapitel 4 die wichtigsten für Sie. Wenn Sie sie durcharbeiten und die Übungen konsequent durchführen, lesen Sie anschließend um mindestens 50 Prozent schneller – und das bei gleichem oder sogar besserem Textverständnis, garantiert. Sie brauchen dafür über zwei Tage verteilt nur zwei bis drei Stunden zu investieren.

3.1 Schneller lesen und trotzdem mehr behalten

Schneller lesen und dabei mehr behalten, das klingt erst einmal widersprüchlich. Doch die Erfolge in meinen Seminaren zum Thema „Schnell lesen" zeigen:

> Jeder durchschnittliche Leser hat die Fähigkeit, doppelt so schnell zu werden und dabei auch noch mehr zu verstehen und zu behalten.

Neurowissenschaftlichen Untersuchungen zufolge (vgl. Spitzer 2006) kann unser Gehirn pro Sekunde bis zu 126 Bits bewusst verarbeiten. Beim normalen Lesen verarbeiten wir allerdings nur ca. 40 Bits. Die restlichen 86 Bits werden nicht benötigt, das Gehirn ist nicht ausgelastet – es langweilt sich und läuft zu einem großen Teil im Leerlauf. Diese 86 Bits Leerlauf verbraucht unser Gehirn dann oft für ablenkende Gedanken und Sinneseindrücke. Ihm fällt dann z.B. ein, dass Sie noch ein Geschenk für die Einladung am Wochenende besorgen müssen: *„Blumen? Nein, das bringen schon* *andere mit. Eine CD geht auch nicht, das habe ich schon letztes Mal mitgebracht. Wer könnte mir da nur einen Tipp geben?"* Oft ist unsere gewohnte Lesegeschwindigkeit eine Unterforderung für unser Gehirn.

Schauen Sie für nur zwei Sekunden aus dem Fenster und beschreiben Sie dann, was Sie alles aufgenommen haben. Sie werden sehen: Für die Beschreibung dessen, was Sie gesehen haben, brauchen Sie wesentlich länger als die zwei Sekunden, die Ihre Augen für die Aufnahme brauchten. Wie lange bräuchten Sie erst, um die gleiche Menge an Informationen über das Lesen aufzunehmen? Es ist ein Vielfaches der zwei Sekunden, die Sie zum Fenster hinaus gesehen haben.

Ihr Gehirn kann also ein Vielfaches der Informationsmenge aufnehmen und verarbeiten, die Sie durch das Lesen zur Verfügung stellen (können).

Wenn Sie lernen, schneller zu lesen, bekommt Ihr Gehirn mehr „Futter" und die Kapazität und das Potenzial Ihres Gehirns werden mehr und besser ausgenutzt.

Es ist ähnlich wie beim Autofahren: Wenn Sie mit 80 km/h über eine gering befahrene Autobahn fahren, sind Sie wenig gefordert. Sie denken an den Arbeitstag oder das Geschenk für die Einladung. Sie sind wahrscheinlich unkonzentriert, womöglich sogar unaufmerksam. Nun stellen Sie sich vor, Sie fahren die gleiche Strecke, aber es herrscht wesentlich mehr Verkehr und Sie haben es so richtig eilig, weil Sie einen wichtigen Termin haben. Sie fahren so schnell Sie können bzw. so schnell, wie der Verkehr es zulässt. Jetzt sind Sie hochkonzentriert, Ihre Aufmerksamkt liegt voll und ganz auf der Straße und dem Verkehr und Sie lassen sich nicht ablenken, denken nicht an den Arbeitstag und Geschenke. Obwohl Sie nun bei doppelter Geschwindigkeit ja auch die doppelte Menge an Informationen aufnehmen müssen, sind Sie konzentrierter und beachten und behalten mehr.

Also: Mehr Tempo beim Lesen bringt mehr Verständnis und höhere Konzentration.

Studien belegen, dass Schnellleser Zusammenhänge besser verstehen und mehr behalten als normale Leser.

Übung

Einige DVD-Spieler oder Computerprogramme können DVDs in 1,5- und 2-facher Geschwindigkeit abspielen. Der Ton wird dabei auf die normale Tonhöhe heruntergerechnet, sodass es sich wie gewohnt anhört, nur eben schneller.
Wenn Sie ein solches Gerät haben, machen Sie einen Versuch: Sehen Sie sich eine Sendung in 1,5- und 2-fachem Tempo an. Nach kurzer Gewöhnungszeit wird es Ihnen leichtfallen, alles zu verstehen und zu begreifen. Wenn Sie nach zehn Minuten wieder auf die normale Geschwindigkeit zurückschalten, wird sie Ihnen zu langsam vorkommen. Möglicherweise werden Sie ungeduldig, und die „Langsamkeit" nervt Sie.
Natürlich ist das Fernsehen mit doppelter Geschwindigkeit nicht unbedingt ein Genuss – diese Übung hilft Ihnen aber, aufmerksamer und konzentrierter zu sein (vgl. Buzan 2005). Und wer will schon seine berufliche Literatur oder den Fachartikel genießen? Wenn Sie das wollen, schalten Sie wieder zurück, auf langsames und gemütliches Lesen. Diese Wahl haben Sie immer.

3.2   Augenbewegungen beim Lesen

Wie verhält sich das Auge beim Lesen? Wo gibt es Optimierungspotenzial?
Bevor Sie mit den Übungen loslegen, erzähle ich Ihnen etwas über den Vorgang des Lesens und über Lesegewohnheiten, die die meisten von uns haben und die sich in der Regel als Bremsen herausstellen. In den Übungen lernen Sie, diese bremsenden Gewohnheiten abzulegen und sich anderer Techniken zu bedienen. Sie haben in Zukunft dann die Wahl, auf welche Art und Weise Sie lesen.

Beim Lesen bewegen sich die Augen von links nach rechts entlang der Zeile. Am Ende der Zeile machen sie einen Sprung nach links zum Anfang der nächsten Zeile.

Es ist nicht einfach, die automatisierten Augenbewegungen bewusst wahrzunehmen. Die meisten von Ihnen werden aber bemerkt haben, dass die Augen nicht in konstanter Geschwindigkeit über die Zeilen gleiten, sondern vielmehr Sprünge, so genannte Sakkaden, machen. Sie springen meist ein Wort weiter, fixieren es und springen zum nächsten.

Das Lesen besteht also entgegen dem Gefühl aus einer Aneinanderreihung von Sprüngen (Sakkaden) und Stopps (Fixationen).

Beobachten Sie die Augen eines Menschen, der während einer Zugfahrt aus dem Fenster schaut, sehen Sie, dass seine Augen immer wieder ruckartig nach vorn springen, etwas fixieren und mit dem Vorbeiziehenden mitgleiten: Das Auge macht die erwähnten Sakkaden und Fixationen. Während der Sprünge ist das Auge regelrecht blind, es erkennt nichts. Während der Fixationen macht es „Schnappschüsse" oder „Standbilder" der vorbeiziehenden Landschaft, die das Gehirn dann interpretiert und zu einem Gesamtbild zusammensetzt. Es ist nicht möglich, die vorüberziehende Landschaft mit unbewegtem Auge aufzunehmen.
Analog dazu ist es auch nicht möglich, das Auge gleichmäßig bzw. mit konstanter Geschwindigkeit und ohne Halt über eine Zeile zu bewegen und dabei das Gesehene zu erkennen, aufzunehmen und zu verarbeiten.

Während der Bewegung des Auges nimmt der Mensch nichts wahr. Nur in den kurzen Ruhephasen können wir etwas erkennen.

Wenn Sie sehen möchten, wie ruckartig unser Auge arbeitet, machen Sie doch den folgenden Versuch dazu:

Aufgabe

Setzen Sie sich einer Person gegenüber und geben Sie ihr die folgenden Anweisungen:

> Stelle dir bitte einen Kreis vor. Dieser Kreis hat die Größe eines Lenkrades. Du siehst diesen Kreis ca. 60 cm bzw. eine Armlänge vor dir. Nun lasse die Augen langsam entlang dieses Kreises wandern.

Während Ihr Gegenüber nun die Augen im Kreis bewegt, beobachten Sie bitte die tatsächliche Bewegung der Augen. Beschreiben sie wirklich einen Kreis?

Wenn Sie die Übung gerade durchgeführt haben, werden Sie erstaunt sein: In den Augenbewegungen Ihrer Versuchsperson haben Sie wahrscheinlich alle möglichen geometrischen Formen erkennen können, aber bestimmt keine gleichförmige runde Bewegung. Vielleicht sah es so aus:

Auch beim Lesen bewegen wir das Auge ruckweise über die Zeilen und Wörter – nur scheinbar gleiten wir gleichmäßig über eine Zeile.

Zur Erforschung der Augenbewegungen wurden Apparate entwickelt, die mittels Laser die Augenbewegungen millimetergenau aufzeichnen und dabei auch registrieren, wohin die Augen blicken. Durch diese computergesteuerte Blickbewegungsregistrierung sind die typischen Blickbewegungen beim Lesen heute gut erforscht und bekannt.

> Tatsächlich lesen Menschen einen Text, indem sie ihren Blick entlang der Leserichtung in Sprüngen (Sakkaden) von etwa sieben bis neun Buchstaben Länge über die Schrift lenken.

Zwischen den Sprüngen, also in der Ruhe- bzw. Fixationsphase von durchschnittlich 200 bis 250 ms Länge, werden dann die neuen Bild- bzw. Schriftdaten aufgenommen. Während einer Sakkade hingegen nimmt das Auge keine visuellen Informationen auf. Die Verarbeitung der zuletzt empfangenen Daten läuft aber kontinuierlich weiter.

> Augenbewegungen beim Lesen sind sehr individuell und können selbst bei ein und derselben Person unter verschiedenen Bedingungen sehr unterschiedlich ausfallen.

Großen Einfluss auf die Augenbewegungen beim Lesen hat das jeweilige Schriftstück. So kommt es z.B. auf Zeilenlänge, Farbe, Schriftart und Beleuchtung an. Die Dauer der Fixationen und die Längen der Sakkaden sind nicht nur abhängig von allgemeinen Eigenschaften wie dem Geschlecht und dem Alter, sondern richten sich auch stark nach Gewohnheiten, Fähigkeiten, Interessen und Absichten des jeweiligen Lesers.

In einem Lesetraining kann man zum einen lernen, das Interesse und die Absicht auf das Gelesene zu fokussieren, zum anderen kann man alte (Lese-)Gewohnheiten ändern bzw. neue erlernen. Und genau damit wollen wir uns auf den nächsten Seiten befassen.

3.3 Erster Turbo: Regression – Lernen Sie, nur noch nach vorn gerichtet zu lesen

Trifft man beim Lesen auf Unklarheiten, wandert das Auge meist wieder zurück zu dem fraglichen Ausdruck oder Wort. Dieses Zurückspringen nennt man Regression.

Wie oft springen Sie mit Ihrem Blick zurück?

Probieren Sie es aus: Lesen Sie einen kleinen Textabschnitt oberhalb, den Sie schon gelesen haben, und achten Sie dabei auf Ihre Augen.

Die meisten Seminarteilnehmer sagen, dass sie, wenn sie etwas nicht verstanden haben, zurückspringen, und schätzen, dass das zwei- bis viermal pro Seite vorkommt. Das Auge springt aber nicht nur zurück, wenn man bewusst auf einen Fehler oder eine Unklarheit stößt, sondern auch unbewusst meist mehrmals pro Zeile. Das sind unwillkürliche Bewegungen, die wir i.d.R. nicht registrieren. Die Häufigkeit dieser Regression hängt von Faktoren wie Leseroutine, Schwierigkeitsgrad des Textes, Interesse und Druckbild ab. Messungen haben ergeben, dass bei durchschnittlichen Lesern mehrmals pro Zeile unbewusste Regressionen vorkommen. Die Sprünge und Rücksprünge innerhalb einer Zeile können – abhängig von der Lesekompetenz des jeweiligen Lesers – wie in folgender Abbildung aussehen:

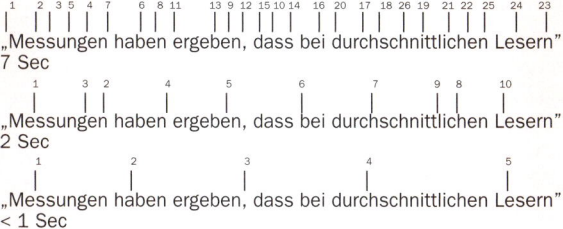

Die meisten Regressionsbewegungen sind durch Gewohnheit, Unsicherheit und den Wunsch, alles genau zu lesen, begründet. Wir haben das ja auch, als wir Lesen gelernt haben, immer wieder gesagt bekommen: *„Was steht da genau? Geh noch mal zurück! Lies Buchstabe für Buchstabe! Guck genau hin! Steht das wirklich da?"* Das haben wir verinnerlicht und uns angewöhnt. Doch als Erwachsene mit reichlich Leseerfahrung haben wir die Regression nicht mehr nötig, sie ist für das Textverständnis nicht erforderlich. Unser Gehirn korrigiert die Fehler von alleine. Wie fehlertolerant unser Gehirn ist, können Sie an der folgenden Übung sehen:

Fehlertoleranz des Gehirns

Lesen Sie den folgenden Text („Buchstabendreher") und kümmern Sie sich dabei nicht um die Rechtschreibung. Die Buchstaben wurden vermischt, und trotzdem können Sie den Text lesen:

Buchstrbedneher

Gmäeß eneir Sutide eenir elgnihcsen Uvinisterät ist es ncith witihcg, in wlecehr Rneflogheie die Bstachuebn in eneim Wrot snid, das eziinge, was wcthiig ist, ist, dass der erste und der leztte Bstachue an der ritihcgen Pstoiion snid.
Der Rset knan ein ttoaelr Bsinöldn sien, tedztorm knan man ihn onhe Pemoblre lseen.
Scnöhe Gßüre …

Erstaunlich, wie flüssig wir diesen Text lesen und wie fehlertolerant unser Gehirn arbeitet! Ein Computer wäre nie in der Lage, daraus einen sinnvollen Text zu machen. Die Rechtschreibhilfe von EDV-Programmen streikt meist schon bei zwei falschen Buchstaben oder bietet mehrere Wörter an. Sie hingegen finden sofort das richtige Wort!

Erschiene ein verdrehtes Wort aus dem obigen Text in unserer normalen Lektüre, würden unsere Augen zurückspringen und wir würden uns eine Zeit lang mit der Lösung dieses Problems beschäftigen. Für das Textverständnis ist das aber, wie Sie gesehen haben, nicht erforderlich.

Lesen Sie also nur nach vorne, vermeiden Sie Regression. Jedes Zurückspringen im Text kostet Zeit und hilft in der Regel nicht dem Verständnis des Textes.

Stand da gerade „vom Text" oder „des Textes"? … und schon wandern die Augen zurück, um sich Sicherheit darüber zu verschaffen. Für das Textverständnis ist das aber völlig unwichtig. Also: Haben Sie Mut zur Lücke!
Das gilt für normale Texte; bei Texten mit hohem Schwierigkeitsgrad (z.B. Gesetzestexte oder wissenschaftliche Arbeiten) werden wir nicht ganz ohne Regression auskommen. Der folgende Text, der durch das Internet bekannt wurde, ist beispielsweise ohne Regression bzw. wiederholtes Lesen gar nicht zu verstehen. Es handelt sich dabei um einen Originaltext der Deutschen Post vor ihrer Privatisierung:

Beispiel

In Dienstanfängerkreisen kommen immer wieder Verwechslungen der Begriffe „Wertsack", „Wertbeutel", „Versackbeutel" und „Wertpaketsack" vor. Um diesem Übel abzuhelfen, ist folgendes Merkblatt dem § 49 der ADA vorzuheften:
Der Wertsack ist ein Beutel, der auf Grund seiner besonderen Verwendung im Postbeförderungsdienst nicht Wertbeutel, sondern Wertsack genannt wird, weil sein Inhalt aus mehreren Wertbeuteln besteht, die in den Wertsack nicht verbeutelt, sondern versackt werden. Das ändert nichts an der Tatsache, dass die zur Bezeichnung des Wertsackes verwendete Wertbeutelfahne auch bei einem Wertsack mit Wertbeutelfahne bezeichnet wird und nicht mit Wertsackfahne, Wertsackbeutelfahne oder Wertbeutelsackfahne. Sollte sich bei der Inhaltsfeststellung eines Wertsackes herausstellen, dass ein in einem Wertsack versackter Wertbeutel hätte versackt werden müssen, so ist die in Frage kommende Versackstelle unverzüglich zu benachrichtigen. Nach seiner Entleerung wird der Wertsack wieder zu einem Beutel, und er ist auch bei der Beutelzählung nicht als Sack, sondern als Beutel zu zählen. Bei einem im Ladezettel mit dem Vermerk „Wertsack" eingetragenen Beutel handelt es sich jedoch nicht um einen Wertsack, sondern um einem Wertpaketsack, weil ein Wertsack im Ladezettel nicht als

solcher bezeichnet wird, sondern lediglich durch den Vermerk „versackt" darauf hingewiesen wird, dass es sich bei dem versackten Wertbeutel um einen Wertsack und nicht um einen ausdrücklich mit „Wertsack" bezeichneten Wertpaketsack handelt. Verwechslungen sind insofern im Übrigen ausgeschlossen, als jeder Postangehörige weiß, dass ein mit Wertsack bezeichneter Beutel kein Wertsack, sondern ein Wertpaketsack ist.

3.4 Zweiter Turbo: Subvokalisation – Lernen Sie, nicht alles innerlich mitzusprechen

Leseanfänger lernen, Buchstaben zu erkennen und auszusprechen, sie dann zusammenzusetzen und ein Wort auszusprechen und zu erkennen. Lesen und lautes Aussprechen (Vokalisation) sind in dieser Phase fest verbunden. Ab der zweiten Klasse sprechen wir dann beim Lesen nur noch leise, also im Geiste mit, Wort für Wort. Dieses Lesen mit der inneren Stimme nennt man Subvokalisation.

Ein Mensch, der in angemessenem Tempo einen Vortrag hält, spricht pro Minute ca. 170 Wörter. Spricht er, so schnell er kann, kommt er auf 200 bis 220 Wörter in der Minute. Wenn wir innerlich im Geiste sprechen, sind wir noch einmal ca. zehn Prozent schneller. Ab dieser Geschwindigkeit hindert uns das Subvokalisieren daran, noch schneller zu werden: Wir könnten zwar schneller lesen, warten aber erst auf das innerlich gesprochene Wort. Dieses angelernte Verhalten legen viele ein Leben lang nicht ab. Wenn Sie diesen Flaschenhals überwinden und nicht mehr jedes Wort subvokalisieren, können Sie viel an Geschwindigkeit gewinnen.

Es gibt Lesetechniken, die zum Ziel haben, gar nicht mehr zu subvokalisieren. Ich habe aber noch niemanden kennen gelernt, der überhaupt nicht mehr subvokalisiert. Sie sollen weiterhin subvokalisieren, aber eben nicht den ganzen Text. Sprechen Sie nur die Wörter innerlich mit, die Ihnen besonders wichtig erscheinen.

3.5 Dritter Turbo: Chunking – Die Kunst, mehrere Wörter auf einmal zu lesen

Wenn Kinder lesen lernen, lesen sie Buchstabe für Buchstabe und fügen diese dann zu einem größeren Sinnzusammenhang, dem Wort, zusammen. Einem Kind, das gerade lesen gelernt hat, könnten Sie sagen: *„Du musst nicht jeden Buchstaben einzeln lesen, du kannst den größeren Sinnzusammenhang, das Wort, auf einmal lesen."* Mit der gleichen Berechtigung kann man einem Erwachsenen sagen: *„Sie müssen nicht jedes Wort einzeln lesen, Sie können einen größeren (Sinn-) Zusammenhang von Wörtern auf einmal lesen."* Einen solchen Zusammenhang von Wörtern nennt man beim Schnell-Lesen „Chunk" (zu Deutsch „Brocken" oder „Haufen").
Springen Sie also mit Ihrem Auge nicht von Wort zu Wort, sondern erfassen Sie mehrere Wörter mit einem einzigen Blick. Lesen Sie einen ganzen Brocken, einen „Chunk" von Wörtern auf einmal. Sie werden hier nur von Ihrer Blickspanne eingeschränkt, also von der Spanne, in der Sie scharf sehen können: Mit einem einzigen Blick können Sie zwei bis vier Wörter erfassen und verstehen.

Blickspanne und Anatomie

Um das Phänomen der Blickspanne zu verstehen, schauen wir uns ein wenig die Anatomie des Auges an (vgl. Spitzer 2006): Im Augenhintergrund befindet sich eine „sehende", lichtempfindliche Haut, die Retina, die zwei verschiedene Lichtrezeptoren enthält, nämlich

◆ Stäbchen (ca. 125 Millionen) und
◆ Zapfen (ca. sieben Millionen).

Durch deren Vorkommen ist die Retina in drei Regionen (mit fließenden Übergängen) strukturiert: Peripherie, Fovea (Durchmesser ca. 1,5 mm) und Parafovea.
Stäbchen sind helligkeitssensitiv und befinden sich in der Peripherie. Sie können nicht scharf sehen und nehmen vor

allem Bewegung wahr. Was sich in der Peripherie nicht bewegt, nehmen wir nicht wahr. Machen Sie dazu einen Test:

Aufgabe

Nehmen Sie ein leeres DIN-A4-Blatt und malen Sie je einen dicken Punkt in die Mitte und in die vier Ecken des Blattes. Halten Sie das Blatt in ca. 50 cm Entfernung quer vor Ihre Augen und starren Sie auf den Punkt in der Mitte. Bewegen Sie dabei weder Ihre Augen noch das Blatt. Können Sie die Punkte in den Ecken erkennen? Nach einigen Sekunden scheinen die Eckpunkte zu verschwinden, werden unsichtbar. Wenn Sie die Punkte nun bewegen, können Sie sie wieder wahrnehmen.

Dieses Phänomen macht aus Sicht der Menschen vor vielen tausend Jahren Sinn: Gefährlich werden kann dem Menschen nur, was sich bewegt. Die Augen nehmen daher alle Bewegungen in einem Winkel von etwa 200 Grad wahr. Um das, was sich bewegt, als eventuelle Gefahr zu erkennen und zu identifizieren, müssen wir unseren Blick darauf richten und es dann fokussieren.

Zapfen sind farbempfindlich und können scharf und in höchster Auflösung sehen. Sie befinden sich in der Mitte der Retina im Bereich der Fovea centralis. Hier gibt es pro Quadratmillimeter fast 150.000 Rezeptoren. Die Fovea deckt einen Winkel von ca. zwei Grad ab, was der Größe eines Fingernagels bei halb ausgestrecktem Arm entspricht: Lediglich auf dieser kleinen Fläche sehen wir wirklich scharf.

Um die Fovea herum befindet sich ein Mischbereich mit Stäbchen und Zapfen, die Parafovea. Sie bildet einen Blickwinkel von ca. drei Grad um die Fovea. Die Schärfe in diesem Bereich reicht für das Lesen aus. Die Größe dieses Bereichs entspricht der eines Fünf-Mark-Stücks bei halb ausgestreckem Arm.

Die folgende Abbildung illustriert diese anatomischen Hintergründe und zeigt, wie unsere Augen einen Text wahrnehmen.

Da die Stäbchen (Schwarz-Weiß-Rezeptoren) wesentlich lichtempfindlicher sind als die Zapfen (Farbrezeptoren), arbeiten bei zunehmender Dunkelheit nur noch die Stäbchen, und so kommt es, dass unsere Augen dann nicht mehr farbig, sondern nur noch grau sehen.

Testen Sie Ihre Blickspanne

Aufgabe

Lesen Sie die folgenden Wörter von oben nach unten. Konzentrieren Sie sich währenddessen darauf, dass Sie Ihren Blick auf die Mitte des Wortes bzw. Satzes fixieren – zur Orientierung führt mittig eine rote Linie über das Geschriebene.

Finden Sie so heraus, wie weit Sie die Wörter bzw. Sätze auf diese Weise lesen können: Ab wo wird die Schrift unscharf oder gar unleserlich? Variieren Sie auch den Abstand zu den Augen und testen Sie, ob das bei der Blickspanne einen Unterschied macht.

Er

Sie

Text

Sinn

Erfolg

Lektüre

Maximum

Information

Lesemethode

Geschwindigkeit

Nun machen Sie das Gleiche noch einmal, diesmal mit mehreren Wörtern:

Wörter

viele Wörter

viele Wörter können

viele Wörter können Sie

viele Wörter können Sie erkennen

Wie viele Wörter können Sie erkennen

Sie sehen, es funktioniert mit mehreren Wörtern. In einem bestimmten Radius sehen wir gut und scharf. In einem weiteren Umkreis sehen wir ein wenig unscharf, können aber dennoch Wörter erkennen und lesen.

Dieser Radius, die Blickspanne, ist biologisch gegeben, wir können ihn nicht ändern. Aber wir können den unscharfen Bereich für das Lesen trainieren.

Für die meisten von uns sind drei bis vier Wörter auf einmal lesbar. Das bedeutet, dass Sie auch einen Chunk von drei bis vier Wörtern mit einem einzigen Blick lesen können.

Oft hilft das Gehirn weiter, denn es denkt mit und ergänzt, was noch fehlt. Kennen Sie den Spruch: „Wer A sagt, …"? Ich wette, Sie haben nun alle den Satz vervollständigt mit

„… muss auch B sagen.". Dieses Mitdenken hilft Ihnen beim Lesen. Sie können es nicht verhindern, Sie tun es zwangsläufig. Versuchen Sie einmal, das folgende Sprichwort gedanklich *nicht* zu vervollständigen: „Wer anderen eine Grube gräbt, …". Wahrscheinlich haben Sie die Vervollständigung „… fällt selbst hinein." nicht unterdrücken können.

Dieses Vorausdenken hilft Ihnen bei der Steigerung Ihrer Lesegeschwindigkeit, denn wenn Sie schon wissen, was als Nächstes im Text steht, müssen Sie es nicht mehr lesen.

Natürlich lauert hier eine gewisse Gefahr, nämlich immer dann, wenn nicht das als Nächstes geschrieben steht, was Sie sich gedacht haben. Das kommt aber selten vor und verändert in der Regel nicht den Sinn.

Wie sehr unser Gehirn in „Vorleistung" geht und mitdenkt, lässt sich auch in Versuchen nachweisen: So werden z.B. Rechtschreibfehler, die in bekannten Sprichwörtern eingebaut sind, sehr viel seltener entdeckt als Fehler in „normalen" oder erst recht in unverständlichen Texten. Aus diesem Grund ist das Korrekturlesen eines selbst geschriebenen Textes auch so schwer, denn schließlich wissen Sie beim Lesen bereits, was da geschrieben steht. Teilnehmer meiner Seminare haben mir berichtet, dass sie, um Rechtschreibfehler zu finden, Texte Wort für Wort von hinten lesen. Dadurch bleibt ihnen der Sinn des Satzes verborgen und das Gehirn „sieht" nicht, was es erwartet.

Test: Mehrere Wörter auf einmal lesen

Lassen Sie sich zeigen, wie einfach und schnell Sie mehrere Wörter im Bruchteil einer Sekunde erfassen können:

Aufgabe

Decken Sie die folgenden Zeilen mit einem Papier, am besten mit einer Karte, ab. Schieben Sie die Karte so

weit nach unten, dass Sie den ersten waagerechten
Strich sehen. Unmittelbar unter dem Strich befindet sich
die Zeile mit den Wörtern, die Sie lesen sollen. Nun
schieben Sie die Karte blitzschnell wenige Zentimeter
nach unten und gleich wieder, so schnell es geht, nach
oben. Die Zeile erscheint dadurch für den Bruchteil einer
Sekunde. Dieser Bruchteil reicht nicht, um den Blick hin-
und herschweifen zu lassen. Er reicht aber, um zwei, drei
oder vier Wörter zu lesen – probieren Sie es aus!

—	—
jeden Tag	im gleichen Gebäude
—	—
ganz vorne	noch weitere Wünsche
—	—
meine Frau	für ihre Art
—	—
große Pläne	je zehn Euro
—	—
an die Tafel	auf ein Blatt
—	—
ganz normal	in der Klasse
—	—
zum Beginn	dann sagte er
—	—
in der Pause	wie ein Megastar
—	—
in den USA	die ganze Stunde
—	—
um zu lernen	den jungen Mann
—	—
zehn Monate	rund 60.000 Euro
—	—
in einem Kurs	einige Jahre später
—	—
vor einem Jahr	mit vielen Freunden
—	—
sehr zufrieden	gelegentlich ausruhen
—	—
nach dem Ende	drei erfolglose Treffen
—	—
mit einem Schlag	hunderte von Kilometern

Sie können diesen Versuch auch eleganter und automatisiert machen. Zu diesem Zweck habe ich Ihnen im Internet eine PowerPoint-Datei zur Verfügung gestellt, die Sie unter Eingabe des Webcodes „Lesen_1" in das zugehörige Feld auf der Website www.cornelsen.de/berufskompetenz oder unter www.boehme-training.de/lesen_1 herunterladen können. Starten Sie die Präsentation. Sie läuft nach Betätigung der Leertaste automatisch ab: Für wenige hundertstel Sekunden blitzen Zahlen bzw. Wörter auf. Leider lässt sich die Dauer nicht exakt bestimmen. Ich habe diesen Versuch aber auch mit einem Tageslichtprojektor und einem alten Fotoobjektiv gemacht. Die Belichtungszeit war dabei auf 1/125 gestellt und entspricht dem Aufblitzen in dieser Präsentation. Die Zeit reicht jedenfalls nur für einen einzigen Blick auf die Zahlen bzw. Wörter, es ist keine Regression möglich.

Haben Sie die Übung gemacht? Wie hat es bei Ihnen geklappt? Gegen Ende der einzelnen Abschnitte sind Sie bestimmt an Ihre Grenzen gekommen.

Und Sie haben wahrscheinlich folgendes Phänomen festgestellt: Sie sehen kurz den Chunk, aber erst wenn er wieder verschwunden ist, verarbeitet das Gehirn das Gesehene – erst dann entschlüsselt es die Bedeutung.

> Lesen und Entschlüsseln passieren also nicht gleichzeitig, sondern nacheinander, zeitversetzt.

Augenübungen Chunking

Bei einer Buchseite von üblicher Breite sollten Sie zwei, drei oder vier Augenstopps bzw. Chunks pro Zeile machen. Die genaue Menge ist von Person zu Person verschieden und hängt auch vom Druckbild (z.B. Zeilenlänge) und dem Textinhalt (Roman, Gesetzestext) ab.

Schematisch gesehen würde Ihr Blick also in dem untenstehenden Text an den Kreuzungen der Zeilen mit den roten Linien Halt machen. Testen und üben Sie diese Augenbewegung mit diesem Text.

Damit Sie nicht am Inhalt hängen bleiben (denn das ist ja eine rein mechanische Übung), habe ich einen für Sie vermutlich schwer- oder unverständlichen Text verwendet, nämlich einen lateinischen. (Es handelt sich um einen Ausschnitt aus den „Epistulae morales ad Lucilium" von Lucius Annaeus Seneca.)

Machen Sie diese Übung immer wieder – es ist eine Art Bodybuilding für die Augen. Steigern Sie Ihr Tempo bis zur maximalen Geschwindigkeit.

Kümmern Sie sich nicht darum, was Sie erkennen oder lesen können, dies ist eine reine Geschicklichkeitsübung für Ihre Augenbeweglichkeit und -geschwindigkeit.

Optimal können Sie diese Übung mit einem Metronom durchführen. Sollten Sie keines besitzen, können Sie auch ein kostenloses Metronom aus dem Internet nutzen, z.B. unter www.metronomeonline.com. Stellen Sie das Metronom anfangs auf 120 Schläge pro Minute. Bei dieser Geschwindigkeit springen Sie bei jedem Schlag des Metronoms zum nächsten Kreuzungspunkt von Zeile und roter Linie. Sie brauchen dann also drei Schläge pro Zeile.

Wenn das gut funktioniert, steigern Sie allmählich das Tempo der Schläge – und zwar solange, bis Sie mit den Augen nicht mehr hinterherkommen. Wenn Sie an Ihrer Grenze angekommen sind, legen Sie noch einmal ein paar Prozent zu. Sie können Ihre Grenzen nur erweitern, wenn Sie sich über Ihre bisherigen Grenzen hinausbewegen. Fordern Sie sich heraus.

Diese Übung nimmt keine Rücksicht auf Satzzeichen, Wortanfänge und Sinnzusammenhänge. Natürlich werden Sie später beim „normalen" Lesen die Fixationen Ihres Auges nicht stur im gleichen Abstand und dreimal pro Zeile machen wie in dieser Übung, sondern in sinnfälligen Abständen in Chunks. Zum Trainieren der Augenbeweglichkeit und -geschwindigkeit eignet sich jedoch wie gesagt gerade dieses mechanische Vorgehen, bei dem Sie nicht vom Inhalt abgelenkt werden.

Putas me tibi scripturum quam humane nobiscum hiemps egerit, quae et remissa fuit et brevis, quam malignum ver sit, quam praeposterum frigus, et alias ineptias verba quaerentium? Ego vero aliquid, quod et mihi et tibi prodesse possit, scribam. Quid autem id erit, nisi ut te exhorter ad bonam mentem? Huius fundamentum, quod sit, quaeris? Ne gaudeas vanis. Fundamentum hoc esse dixi: Culmen est.

Ad summa pervenit, qui scit, quo gaudeat, qui felicitatem suam in aliena potestate non posuit; sollicitus est et incertus sui, quem spes aliqua proritat, licet ad manum sit, licet non ex difficili petatur, licet numquam illum sperata deceperint.

Hoc ante omnia fac, mi Lucili: Disce gaudere. Existimas nunc me detrahere tibi multas voluptates, qui fortuita summoveo, qui spes, dulcissima oblectamenta, devitandas existimo? Immo contra nolo tibi umquam deesse laetitiam. Volo illam tibi domi nasci: Nascitur, si modo intra te ipsum fit. Ceterae hilaritates non implent pectus; frontem remittunt, leves sunt, nisi forte tu iudicas eum gaudere, qui ridet: Animus esse debet alacer et fidens et supra omnia erectus.

Mihi crede, verum gaudium res severa est. An tu existimas quemquam soluto vultu et, ut isti delicati loquuntur, hilariculo mortem contemnere, paupertati domum aperire, voluptates tenere sub freno, meditari dolorum patientiam? Haec, qui apud se versat, in magno gaudio est, sed parum blando. In huius gaudii possessione esse te volo: Numquam deficiet, cum semel, unde petatur, inveneris.

Die nächste Übung läuft ähnlich ab, ich habe aber diesmal echte Chunks verwendet, also Wörter, die inhaltlich zusammengehören. Damit Sie die Chunks erkennen, habe ich sie durch große Wortabstände getrennt und zu Spalten formatiert. Springen Sie wieder so schnell wie möglich von Chunk zu Chunk und benutzen Sie wieder ein Metronom. Es hilft, die Geschwindigkeit konstant zu halten. Bei dieser Übung kommt es auf Schnelligkeit an, nicht auf Textverständnis. Wenn Sie den Sinn eines Chunks verstehen, ist das gut, wenn Sie ihn nicht verstehen, ist das auch in Ordnung. Halten Sie dann trotzdem die Geschwindigkeit durch und springen Sie mit Ihren Augen immer weiter zum nächsten Chunk.

Schlachten in der Cyber-Welt *von Kerstin Kohlenberg*

David und Maurice
Sie spielen online,
in Deutschland auch.
und lernen
eine Gefahr
seinen grünen Parka
nach Gießen
Er ist ein großer,
blass und tief
Die Fingernägel
sie liegt
längst dunkel draußen.
er fährt
älter ist als er.
ist der Beste.
noch frierend
in großen, weißen
und wartet
funkeln
hält die Jacke
woher der Zug kommt,
Maurice lehnt sich

sind Computerspieler
wie etwa
Die beiden
zu töten.
für die Gesellschaft?
für die Zugfahrt
gar nicht erst
schmaler Junge,
in der großen Kapuze
der rechten Hand
auf dem Computer.
David ist
zu Maurice,
Er ist sein Vorbild,
Im Moment
in Gießen
Nike-Schuhen und
auf den Zug.
unechte Diamanten,
wie mit einem Bügel.
er müsste längst
an einen Fahrplan

der Spitzenklasse.
1,5 Millionen andere
schotten sich ab
Sind sie deshalb
David hat
von Mainz
ausgezogen.
dessen kantiges Gesicht
steckt.
sind sauber abgekaut,
Es ist kalt und
19 Jahre alt,
der zwei Jahre
denn Maurice
steht das Vorbild
am Bahnhof,
einer dunklen Wollmütze,
An seinen Ohrläppchen
sein breites Kreuz
Er weiß nicht genau,
da sein.
und wartet.

Als David
die beiden zu,
von Maurices Mutter
Sie haben sich
einen Gegner,
online gespielt,
mit ihren Rechnern
ihr zweites
im Netz „Burning Death",
der beste Computerspieler
wurde er auf
Vizeweltmeister.
In ein paar Tagen
der Computerspieler,
Maurice verzichtet
auf ein neues Spiel
noch etwas länger
zu verlieren.
einem kleinen Flachbau
Tischreihen mit Steckdosen,
an dem man unbedingt
[…]

(© DIE ZEIT, 17.03.2005, Nr. 12)

endlich kommt,
laden seinen Computer
und fahren
im Netz kennen gelernt.
sie haben
eine Woche später
in Gießen.
gemeinsames Wochenende.
„Brennender Tod";
Deutschlands.
den World Cyber Games
David nennt sich
fliegt er nach Dallas,
sein erster
auf die Reise,
umgestiegen
trainieren,
Maurice parkt
im Industriegebiet
zwei ungeheizte Toiletten.
sein Wochenende

nicken sich
in den hellblauen Fiesta
zum Computerraum.
Maurice suchte
ein paar Abende
trafen sie sich
Dies ist nun
Maurice heißt
er ist
Im letzten Jahr
in San Francisco
im Internet „Masta".
zu den Wintergames
professioneller Wettkampf.
gerade ist er
und will
er hat einen Ruf
den Fiesta vor
von Gießen,
Eigentlich kein Ort,
verbringen möchte.

Hilfsmittel beim Chunken: Satzzeichen und Großschreibung

Chunks sind Gruppierungen von inhaltlich zusammenhängenden Wörtern. Wenn Sie häufig schnell lesen, werden Sie ein automatisches Gespür für Chunks entwickeln. Doch hier noch zwei wertvolle Tipps zum Lesen in Chunks:

Ein Chunk von mehreren Wörtern soll einen Sinnzusammenhang ergeben. Eine Hilfe sind dabei die Satzzeichen, die ja Sinnzusammenhänge voneinander trennen. Es ist nicht sinnvoll, mit dem Blick auf ein Satzzeichen zu springen, da die Wörter vor und nach dem Satzzeichen nicht zu dem gleichen Zusammenhang gehören. Ein Satzzeichen *trennt* vielmehr Chunks voneinander.

Gute Stopps für Ihren Blick sind dagegen **Substantive** bzw. Hauptwörter, denn sie sind die Hauptinformationsträger unserer Sprache.

Nehmen wir zur Veranschaulichung einen Satz, aus dem einmal alle Substantive gelöscht sind (1.) und von dem in der anderen Variante ausschließlich die Substantive stehen geblieben sind (2.):

1. Wichtig ist auch die der nächsten aus der grammatischen oder dem des bisher
2. Vorhersagbarkeit Wörter Struktur Bedeutungskontext Gelesenen

Die fünf Hauptwörter in der zweiten Variante sagen mehr aus als die fast dreifache Anzahl der restlichen Wörter in der ersten Version, nicht wahr? Und so lautet der Satz vollständig: „Wichtig ist auch die Vorhersagbarkeit der nächsten Wörter aus der grammatischen Struktur oder dem Bedeutungskontext des bisher Gelesenen."

Als Halt für das Auge bieten sich demnach Substantive an, die Sie im Übrigen schnell anhand ihrer Großschreibung fokussieren können. Wenn Sie Ihr Auge darauf trainieren, sich an groß geschriebenen Wörtern zu orientieren, können Sie das jeweilige Substantiv als Hauptinformationsträger, den davor stehenden Artikel und das Adjektiv und möglicherweise auch ein dahinterstehendes Verb mit einem Blick erfassen. Lassen Sie sich durch folgenden Test davon überzeugen!

Lesen Sie dafür den folgenden Text und versuchen Sie dann nachzuerzählen, was Sie gelesen haben – gern auch schriftlich. Ich habe aus dem Text alle Substantive entfernt, sodass ca. 70 Prozent der Wörter übrig geblieben sind:

1. Beispieltext ohne Substantive

Die

wird zu als verdächtigt: Das schmeckt nicht nur wunderbar sondern scheint auch noch gesund zu sein.

war sich sicher: muss giftig sein. Um die üblen des aber zu belegen, missbrauchte der, der in der zweiten des regierte, zwei zum verurteilte als. Heute lässt sich sagen, die beiden haben es verdammt gut erwischt. Erst bestellte den ab, dann verdonnerte er einen der, fortan täglich zu trinken. Der andere bekam dagegen gereicht. Zwei wurden beauftragt, das erwartete zu dokumentieren. Das sollte zeigen, wie schnell – im zu – seine tödliche entfaltet.

So saßen die im und tranken. Erst und, dann und. Sie tranken um, bis der erste der beiden gelehrten sein ließ. Die beiden nahmen weiterhin ihren und, bis irgendwann der zweite starb. Auch als ermordet wurde, reichten die in den. Schließlich starb der vor dem – im von 83. Das des zum ist zwar unbekannt, doch sicher ist, dass die robuste des unfreiwilligen nicht die vom giftigen aus den der getrieben hat: Bis heute werden dem allerlei negative zugesprochen. Zu wie sich inzwischen zeigt. „Die, dass generell schädlich sei, ist heute nicht mehr haltbar", sagt, des für an der.

(187 Wörter = 70,3 %)

Geben Sie nun einer weiteren Person den zweiten Beispieltext zu lesen, der das Gegenstück zu dem Text ist, den Sie selbst gerade gelesen haben: Er enthält ausschließlich die Substantive, was etwa 30 Prozent der ursprünglichen Textmenge entspricht. Bitten Sie die Person anschließend, Ihnen zu erzählen, worum es in dem Text geht.

2. Beispieltext nur mit Substantiven

Wunderbohne

Kaffee Unrecht Gift Getränk

König Gustav III.: Kaffee. Wirkungen Gebräus Monarch, Schweden Hälfte 18. Jahrhunderts Tode Häftlinge Versuchsobjekte. Männer Gustav III. Henker Verbrecher Kaffee Tee Mediziner Siechtum Experiment Kaffee Gegensatz Tee Wirkung.

Häftlinge Kerker Tage Wochen, Monate Jahre. Tasse Tasse Versuchsleiter Leben Häftlinge Kaffee Tee Arzt König Gustav III. Wärter Getränke Kerker. Teetrinker Kaffeetrinker Alter Jahren. Todesalter Kaffee Verurteilten Konstitution Probanden Mär Kaffee Köpfen Europäer Getränk Eigenschaften Unrecht Aussage Kaffee Thomas Hofmann, Direktor Instituts Lebensmittelchemie Universität Münster.

(79 Wörter = 29,7 %)

Wer erfasst den Sinn des Textes besser – derjenige, dem 70 Prozent des Textes vorlagen, dem aber die Substantive fehlten? Oder derjenige, der nur 30 Prozent der Wörter, dafür aber die Substantive zur Verfügung hatte? Um das bewerten zu können, lesen Sie den Text nun komplett und urteilen Sie selbst:

3. Beispieltext komplett

Die Wunderbohne

Kaffee wird zu Unrecht als Gift verdächtigt: Das Getränk schmeckt nicht nur wunderbar, sondern scheint auch noch gesund zu sein.

von Sebastian Herrmann

König Gustav III. war sich sicher: Kaffee muss giftig sein. Um die üblen Wirkungen des Gebräus aber zu belegen, missbrauchte der Monarch, der Schweden in der zweiten Hälfte des 18. Jahrhunderts regierte, zwei zum Tode verurteilte Häftlinge als Versuchsobjekte. Heute lässt sich sagen, die beiden Männer haben es verdammt gut erwischt. Erst bestellte Gustav III. den Henker ab, dann verdonnerte er einen der Verbrecher, fortan täglich Kaffee zu trinken. Der andere bekam dagegen Tee gereicht. Zwei Mediziner wurden beauftragt, das erwartete Siechtum zu dokumentieren. Das Experiment sollte zeigen, wie schnell Kaffee – im Gegensatz zu Tee – seine tödliche Wirkung entfaltet.

So saßen die Häftlinge im Kerker und tranken. Erst Tage und Wochen, dann Monate und Jahre. Sie tranken Tasse um Tasse, bis der erste der beiden gelehrten Versuchsleiter sein Leben ließ. Die beiden Häftlinge nahmen weiterhin ihren Kaffee und Tee, bis irgendwann der zweite Arzt starb. Auch als König Gustav III. ermordet wurde, reichten die Wärter Getränke in den Kerker. Schließlich starb der Tee- vor dem Kaffeetrinker – im Alter von 83 Jahren. Das Todesalter des zum Kaffee Verurteilten ist zwar unbekannt, doch sicher ist, dass die robuste Konstitution des unfreiwilligen Probanden nicht die Mär vom giftigen Kaffee aus den Köpfen der Europäer getrieben hat: Bis heute werden dem Getränk allerlei negative Eigenschaften zugesprochen. Zu Unrecht wie sich inzwischen zeigt. „Die Aussage, dass Kaffee generell schädlich sei, ist heute nicht mehr haltbar", sagt Thomas Hofmann, Direktor des Instituts für Lebensmittelchemie an der Universität Münster.

[...]

(© SZ Wissen 08/2006)

In meinen Seminaren haben immer die Leser der Substantive besser abgeschnitten.

Bedenken Sie: Das Verhältnis Substantive zum Resttext steht 30 zu 70 Prozent. Das bedeutet, mit 30 Prozent des Textes erfasst man mehr vom Inhalt als mit den restlichen 70 Prozent!

4 Verdoppeln Sie Ihre Lesegeschwindigkeit

4.1 Vorbereitung

Für dieses Training brauchen Sie die folgende Dinge:

◆ **Dateien zur Anleitung:** Bitte geben Sie auf der Internetseite www.cornelsen.de/berufskompetenz den Webcode „Lesen_2" ein oder gehen Sie auf die Website www.boehme-training.de/lesen_2. Dort finden Sie die folgenden MP3-Dateien, die Sie sich bitte herunterladen – ich leite darin Ihr Schnelllesen an:
  – Entspannung
  – Metronom_1
  – Metronom_2
  – Metronom_3

◆ **Stoppuhr:** Es genügt auch eine normale Uhr mit den Stoppfunktionen (Start, Stopp und Nullstellung).

◆ **Eine Post- oder Karteikarte:** Die Karte sollte mindestens die Breite einer Buchseite haben, am besten wählen Sie das DIN-A6-Format.

◆ **Einen Roman:** Nehmen Sie zum Üben einen einfachen Roman und verzichten Sie vorerst auf Fachliteratur und literarisch anspruchsvolle Werke. Steigern Sie den Schwierigkeitsgrad später nach und nach. Wählen Sie kein Buch, das Sie sowieso lesen wollen, dessen Inhalt Sie begreifen wollen, denn in den Übungen trainieren Sie Tempo (vorerst) auf Kosten des Verständnisses.
Voraussetzung ist, dass das Buch etwa acht bis neun Wörter pro Zeile hat. Zählen Sie dazu an drei verschiedenen Stellen im Buch alle Wörter eines Absatzes und teilen Sie diese durch die Anzahl der abgezählten Zeilen. Enthält das Buch zu viele oder zu wenige Wörter pro Zeile, nehmen Sie ein anderes Buch. Das ist wichtig, damit Sie in der richtigen Geschwindigkeit lesen werden.

4.2 Ablauf und Übungsplan

Wenn Sie innerhalb von zwei Tagen Ihre Lesegeschwindigkeit um etliche -zig Prozent verbessern wollen, sollten Sie sich an den bewährten Übungsplan halten, der im Folgenden erläutert wird. Sie werden an zwei aufeinanderfolgenden Tagen je drei Übungseinheiten mit je weniger als 30 Minuten Dauer absolvieren. Es ist wichtig, dass Sie zwischen den Übungen mehrstündige Pausen einlegen und auch eine Nacht dazwischen liegt. Nach den Übungen braucht Ihr Gehirn Zeit, die neue Erfahrung zu verarbeiten. Wenn Sie die Übungen am Stück abarbeiten würden, würde das nur zu einem Bruchteil Ihres möglichen Erfolges führen.

Die Übungsreihe besteht aus:

◆ Vorher- und Nachhertest
◆ 30-Sekunden-Übung
◆ Kurzentspannung
◆ Schnelllesen

Übungsplan	
1. Tag	**2. Tag**
Morgens – Einstiegstest (Kap. 4.3) – Entspannungsteil – 1. Übung: Metronom_1	**Morgens** – 30-Sek.-Übung, Teil C – Entspannungsteil – 1. Übung: Metronom_1
Mittags – 30-Sek.-Übung, Teil A – Entspannungsteil – 2. Übung: Metronom_2	**Mittags** – 30-Sek.-Übung, Teil D – Entspannungsteil – 2. Übung: Metronom_2
Abends – 30-Sek.-Übung. Teil B – Entspannungsteil – 3. Übung: Metronom_3	**Abends** – Entspannungsteil – 3. Übung: Metronom_3 – Abschlusstest (Kap. 4.8)

4.3 Test vorher: So schnell lesen Sie vor den Übungen

Zuerst müssen Sie wissen, wie schnell Sie momentan lesen. Dazu ermitteln Sie nun Ihre Lesegeschwindigkeit, die in Wörtern pro Minute (WpM) gemessen wird. Am Ende der Übungen machen Sie den gleichen Test noch einmal, dann mit einem anderen Text – so können Sie Ihren Fortschritt messen und haben Ihren Erfolg schwarz auf weiß.

Die durchschnittliche Lesegeschwindigkeit beträgt 170 bis 200 WpM. Dies ist die reine Lesegeschwindigkeit ohne Berücksichtigung des Verständnisses des gelesenen Textes. Lesegeschwindigkeit und Verständnis hängen aber unmittelbar zusammen, denn was nützt mir eine hohe Lesegeschwindigkeit, wenn ich danach nicht weiß, was im Text steht?

Kurz nach dem Lesen eines Textes erinnert man sich im Schnitt an etwa 70 Prozent des Inhalts. Zieht man die 30 Prozent, an die man sich *nicht* erinnert, von der Anzahl der insgesamt gelesenen Wörter (WpM) ab, ergibt sich eine effektive oder tatsächliche Leserate. Diese können Sie mit dem jetzt folgenden Test ermitteln.

So gehen Sie dabei vor:

1. Lesen Sie den Text bis zum Ende durch und messen Sie die Zeit, die Sie dafür benötigen, mit einer (Stopp-)Uhr.
2. Entnehmen Sie nun der Liste, die Sie im Anschluss an den Testtext finden, Ihre Lesegeschwindigkeit (WpM), indem Sie darin die von Ihnen gestoppte Zeit suchen.
3. Beantworten Sie die darauf folgenden zehn Fragen. Beantworten Sie sie auch dann, wenn Sie sich nicht ganz sicher sind, denn über viele Dinge wissen wir etwas, ohne uns dessen bewusst zu sein. Vielleicht kennen Sie dieses Phänomen vom Fernsehen: *Sie beschließen, sich einen bestimmten Film anzusehen. Eine Viertelstunde nach Filmbeginn „raten" und „ahnen" Sie immer wieder, wie der Film weitergeht, und Sie haben jedes Mal Recht. Nach einer weiteren Viertelstunde wissen Sie, wie der Film aus-*

geht, denn Ihnen fällt ein, dass Sie den Film schon gesehen haben. Ihre Ahnung war also in Wirklichkeit Wissen, das Ihr Gedächtnis langsam und bruchstückartig hervorkramt. Sie wussten also, wie es weitergeht, ohne es zu „wissen".

4. Wenn Sie die Fragen beantwortet haben, vergleichen Sie Ihre Antworten mit den richtigen Lösungen. Zählen Sie die nicht richtig beantworteten Fragen und rechnen Sie diese in Prozent um: Da Sie zehn Fragen beantwortet haben, entspricht jede Frage 10 Prozent. Vier nicht richtig beantwortete Fragen entsprechen also 40 Prozent.

5. Ziehen Sie im letzten Schritt den Prozentsatz der falsch beantworteten Fragen von Ihrer Lesegeschwindigkeit in WpM (die Sie im zweiten Schritt mithilfe der Liste ermittelt haben) ab.
   Beispiel: Sie haben den Text mit einer Geschwindigkeit von 170 WpM gelesen. Sie haben drei Fragen (= 30%) falsch beantwortet. Zehn Prozent von 170 WpM sind 17 Wörter, 30 Prozent sind folglich 51 Wörter. Nun ziehen Sie von den 170 WpM diese 51 ab und kommen auf die Zahl 119. Das ist nun Ihre effektive, fehlerbereinigte Lesegeschwindigkeit.

Und nun beginnt der Test:

Schritt 1

Starten Sie Ihre Stoppuhr und beginnen Sie mit dem Lesen!

Dschungelcamp der letzten Hoffnung
Aus Bai Hokou berichtet Dominik Baur

In der hintersten Ecke der Zentralafrikanischen Republik, mitten im Regenwald liegt Bai Hokou. Sechs junge Biologinnen haben sich hier freiwillig ins Dschungelcamp begeben. Ihr Auftrag ist es, Gorillas zu beschatten. Momentaufnahme einer jahrelangen Verfolgungsjagd.

Wenn Mbanda seine Flipflops auszieht, verheißt das nichts Gutes. Seine Plastiklatschen nimmt der Fährtenleser der Bayaka-Pygmäen auf seinen Streifzügen durch den Dschungel meist nur dann in die Hand, wenn Gefahr im Verzug ist. Die Gefahr heißt in diesem Fall Njoku, Waldelefant. Auf der Flucht vor den gefährlichen Tieren verlässt sich der Pygmäe lieber auf seine bloßen Füße.

Mbanda steht regungslos da und horcht. Aber noch ehe die ungeübten Sinne der „Monju", der weißen Begleiter, die Gegenwart des Elefanten überhaupt gemerkt haben, ist die Gefahr schon wieder vorüber. Der graue Koloss ist in eine andere Richtung davongetrottet. Mbanda schlüpft wieder in seine Flipflops, die Gruppe setzt ihren Weg fort. Das Ziel: der Aufenthaltsort von Makumba, einem der mächtigsten Gorillas der Gegend.

Chloé Cipolletta hat sich um sechs Uhr in der Früh, unmittelbar nach Sonnenaufgang, im Forschungscamp von Bai Hokou mit Mbanda und zwei anderen Bayaka auf den Weg gemacht, um Makumba aufzuspüren. Zusammen mit fünf weiteren Biologinnen aus den USA, Großbritannien, Italien und Australien, einheimischen Assistenten und den Bayaka hat sich die 34-Jährige der Aufgabe verschrieben, den Ökotourismus im Dzanga-Nationalpark voranzutreiben und so, mit viel Glück, das Überleben der Menschenaffen zu sichern. Denn Touristen bringen Geld für die Bevölkerung und für den Schutz der einzigartigen Tierwelt. Aber dafür wollen die Reisenden aus Deutschland, Frankreich, Amerika oder der Schweiz auch etwas sehen. Am liebsten wilde Gorillas. Bai Hokou ist der einzige Ort auf der Welt, an dem Touristen Flachlandgorillas in der Wildnis beobachten können.

Die Italienerin weiß jedoch, dass ihr Unterfangen ein Wettlauf mit der Zeit ist. Der in Freiheit noch kaum erforschte Westliche Flachlandgorilla ist vom Aussterben bedroht. Wilderer jagen die Tiere als Delikatesse. Holzfirmen zerstören den Lebensraum der Gorillas. Indem sie Schneisen in den Regenwald schlagen, schaffen sie zudem Zugangswege für die Wilddiebe in zuvor unzugängliche Gegenden. Mit Ebola ist eine neue Gefahr hinzugekommen. In manchen Gebieten hat der Virus bereits ganze Bestände ausgerottet.

Hier muss der Gesuchte vorbeigekommen sein

„Klck, Klck, Klck!" Mit Schnalzlauten machen die drahtige Italienerin und ihre Begleiter auf sich aufmerksam, sobald sie in die Gegend kommen, in der sie die Gorillas vermuten. Die Tiere sollen schließlich nicht überrascht werden, sondern wissen, dass es sich bei den ungeladenen Gästen um die ihnen schon bekannten, harmlosen Zweibeiner handelt, die Tag für Tag zungenschnalzend durch den Wald stapfen. Doch noch ist von Gorillas nichts zu sehen oder zu hören.

Zielstrebig folgen die Pygmäen Mbanda, Mobambu und Balonyona den scheinbar unsichtbaren Spuren Makumbas. Nur manchmal bleiben sie kurz stehen und beraten sich. Die Schlafnester des Vorabends sind schnell gefunden. Dann geht es weiter entlang den von den Elefanten ausgetretenen Pfaden, über umgefallene Baumstämme und quer durchs Dickicht. Dorniges Gestrüpp peitscht ins Gesicht, Treiberameisen krabbeln in die Hosenbeine. Die Suche ist schwierig: Vor einer Stunde hat es geregnet, viele Spuren sind verwischt. Die Bayaka lassen sich dadurch nicht entmutigen. An einer Stelle sind auf Kniehöhe ein paar Blätter etwas geknickt. Für die Spurensicherung der Pygmäen steht sofort fest: Hier muss der Gesuchte vorbeigekommen sein. Sie folgen ihm.

Plötzlich bleibt Cipolletta stehen und zeigt in einen Baum. Etwa 20 Meter vor uns blickt das schüchterne Gesicht eines jungen Gorillas in unsere Richtung. Als er uns sieht, klettert er den Baum herunter und verschwindet im Dickicht, ein zweiter folgt ihm. Das Rascheln der Blätter ist nun das einzige Zeichen, das die unmittelbare Nähe der Gorillatruppe verrät. Dann schiebt sich Makumba höchstpersönlich durch ein Loch in der dichten Blätterwand.

Dass Makumba die Nähe von Menschen so ohne weiteres hinnimmt, ist der Erfolg einer jahrelangen Verfolgungsjagd. Habituierung nennen Biologen das, was Cipolletta und ihre Mitarbeiter nunmehr seit sieben Jahren tun, um Urlauber in die Region zu holen. Doch der Beitrag, den Ökotourismus bislang zum Artenschutz leisten kann, ist bescheiden. Maximal zwei Touristen dürfen gleichzeitig zu den Tieren; mehr will man Makumba und seiner scheuen Gruppe nicht zumuten. Haben sich die Gorillas einmal völlig an den menschlichen Besuch gewöhnt, soll die Zahl auf drei erhöht werden. Außerdem ist das Team gerade dabei, eine zweite Gruppe zu habituieren. Langfristig könnten also täglich sechs Touristen auf Gorillapirsch.

„Entscheidend für die Habituierung ist, dass wir die Möglichkeit haben, dieselbe Gorilla-Gruppe fortlaufend zu begleiten und täglich mit ihr in Kontakt zu treten", erklärt Cipolletta. „Das hört sich leicht an, ist aber hier im Wald unglaublich schwierig. Der Boden ist mit Laub bedeckt, und die Tiere hinterlassen kaum sichtbare Spuren." Ohne die Hilfe der Bayaka wäre die Arbeit der Biologinnen von Bai Hokou daher völlig undenkbar. Die Pygmäen kennen den Wald wie niemand sonst. Ohne Kompass, GPS oder Karte führen sie ihre Arbeitgeber instinktsicher jeden Tag aufs Neue zu den Gorillas. „Die Bayaka haben ihre ganz eigene Art den Wald wahrzunehmen. Ich gehe jetzt seit sieben Jahren Tag für Tag mit ihnen durch den Wald und sehe noch immer nur einen winzigen Bruchteil von dem, was sie sehen."

Wildlebende Gorillas an die Gegenwart von Menschen zu gewöhnen ist ein langwieriger Prozess. Die Habituierung von Flachlandgorillas ist dabei noch um einiges mühsamer als die von Berggorillas, erklärt Cipolletta. Die vor allem durch die Forscherin Dian Fossey („Gorillas im Nebel") berühmt gewordene Unterart hält sich viel im offenen Gelände auf und legt meist nur kurze Distanzen zurück. „Die Berggorillas leben in einer einzigen großen Salatschüssel", sagt Cipolletta. „Die müssen ihr Futter nicht suchen, es ist im Überfluss vorhanden." Berggorillas sind daher leicht aufzuspüren.

In Bai Hokou hat es Cipolletta da ungleich schwerer. Die Flachlandgorillas fressen Früchte und Blätter und müssen dafür oft weite Strecken wandern. Im Schnitt legen sie zwei Kilometer am Tag zurück. Die dichte Vegetation des Regenwalds macht es hier außerdem sehr schwer, den Gorillas auf den Fersen zu bleiben. Und wenn sie sich mal wieder ins Dickicht zurückgezogen haben, ist es zu gefährlich, sich ihnen zu nähern. Die Tiere würden ihre Verfolger erst viel zu spät bemerken und in Panik geraten. Dazu kommt, dass die Gorillas in vielen Fällen bereits schlechte Erfahrung mit Menschen gemacht haben: Bevor der WWF Cipolletta nach Bai Hokou sandte, waren es vor allem Wilderer, die sich für die Gorillas interessierten.

Tödliches Eifersuchtsdrama

Und hat man es einmal mit viel Ausdauer geschafft, eine Gorillatruppe zu habituieren, kann es passieren, dass die Arbeit von Jahren jäh zunichte gemacht wird. Makumbas Familie ist bereits die zweite Gruppe, die in Bai Hokou habituiert wird. Ein anderer Silberrücken, wie die erwachsenen Männchen genannt werden, war bereits so an Menschen gewöhnt war, dass man sich ihm auf wenige Meter nähern konnte. Doch Mlima wurde im vergangenen August im Kampf von einem Konkurrenten getötet, der ihm ein Weibchen ausspannen wollte. Und ist erst der Anführer einer Gorillafamilie tot, zerfällt die ganze Gruppe.

Jetzt ruht die ganze Hoffnung Cipollettas auf Makumba. Vier Jahre hat seine Habituierung bisher gedauert, und sie ist noch lange nicht abgeschlossen. Anfangs rannte der gewaltige Gorilla immer in Panik davon, sobald Menschen in die Nähe kamen – und ließ seine Familie zurück. Normalerweise ist der Silberrücken der letzte der Gruppe, der die Flucht ergreift. Dieses eigentümliche Verhalten brachte dem Hasenfuß dann auch seinen Namen ein. Makumba bedeutet auf Bayaka „schnell".

Natürlich gibt sich Cipolletta nicht damit zufrieden, Touristen zu den Gorillas zu führen. „Ökotourismus geht hier Hand in Hand mit der Forschung." Zum einen, so die Biologin, ist es notwendig, zu untersuchen, inwieweit die Anwesenheit von Menschen, das Leben der Gorillas beeinflusst. „Wir wollen ja die Auswirkungen möglichst gering halten. Deshalb müssen wir beispielsweise sehr genau beobachten, was für Folgen eine größere Zahl von Touristen mit sich bringt."

180 Kilo in 30 Meter Höhe

Natürlich birgt die Habituierung wilder Tiere Risiken: Mit Menschen vertraute Gorillas könnten eine leichte Beute für Wilderer werden. Zudem geraten sie in eine gewisse Isolation, da nicht habituierte Tiere sie meiden werden. Und vor allem bei Menschenaffen besteht eine relativ hohe Ansteckungsgefahr.

Makumba hievt seine rund 180 Kilo Lebendgewicht den Baumstamm hinauf. Wenn der riesige Affe dann auf etwa 30 Meter Höhe auf einem dünnen Ast fast bis zum Rand der Baumkrone spaziert, erinnert er tatsächlich ein wenig an das Hollywood-Monster King Kong, für das die friedlichen Gorillas einst unfreiwillig Pate standen.

Allmählich füllt sich der Baum. Makumbas halbe Familie dürfte nun dort beim Frühstück sitzen. Die Bayaka legen sich auf den Waldboden und kommentieren mit übergeschlagenen Beinen kichernd die Spiele und Rangeleien der jungen Gorillas. Chloé Cipolletta verfolgt derweil mit dem Feldstecher jede Bewegung der Tiere. Zunächst geht es ihr vor allem darum, die einzelnen Familienmitglieder zu identifizieren. „Es ist noch nicht lange her, dass sie uns so nahe ranlassen. Manche von ihnen haben wir bisher kaum gesehen." Noch ist sich die Artenschützerin nicht einmal sicher, wie groß Makumbas Familie genau ist. „Wir haben mindestens 16 Gorillas gezählt, darunter zehn Kinder. Möglicherweise sind es aber auch ein oder zwei mehr."

Alles, was die Biologinnen in Bai Hokou über die Lebensweise und das Verhalten „ihrer" Gorillas herausfinden, trägt zur allgemeinen Kenntnis der Spezies bei. Beispielsweise stellten sie fest, dass die Gorillas wesentlich mehr Blätter und auch Termiten fressen, als bisher angenommen. Auch die Lehrmeinung, dass Flachlandgorillas, besonders die schweren Silberrücken, nur in größter Nahrungsnot auf Bäume steigen, haben die Gorillas von Bai Hokou längst widerlegt.

Zwei Doktorandinnen des Max-Planck-Institut für Evolutionäre Anthropologie in Leipzig gehen außerdem den Fragen nach, ob eine hohe Elefantendichte Auswirkungen auf die Zahl der Gorillas in einem Gebiet hat und welche Früchte, Blätter und Stängel sie zu welcher Jahreszeit bevorzugen. Solche Erkenntnisse wiederum sind auch für den Artenschutz wichtig. Denn weiß man erst einmal, welche Nahrungsquellen die wichtigsten für Westliche Flachlandgorillas sind, dann weiß man auch, wo der Schutz des Habitats am wichtigsten ist.

Es ist Mittag in Bai Hokou. Zeit für die Wachablöse. Ein Touristenführer aus dem Team Cipollettas kommt mit zwei Schweizer Urlauberinnen, um die Gorillas den Rest des Tages zu begleiten. Umgerechnet rund hundert Euro zahlen die Touristen für die exklusive Begegnung mit Makumba. Der hält gerade Siesta. In nur 15 Meter Entfernung liegt der Patriarch hinter einem Baumstamm und schläft. Außer etwas angegrautem Haar ist durch das Dickicht nichts zu sehen. Doch so nahe war Cipolletta dem gewaltigen Männchen bei seinem Mittagsschlaf noch nie. Sie ist überglücklich. „Ich weiß, wie lange es braucht, bis ein Gorilla so viel Vertrauen zu Dir hat, dass er sich in einer solch kurzen Entfernung Schlafen legt."

(© SPIEGEL ONLINE, 18. März 2005)

Wörter insgesamt: 1713

Schritt 2

Entnehmen Sie der Tabelle Ihr Lesetempo (WpM), indem Sie die von Ihnen gestoppte Zeit darin suchen.

Zeit	WpM	Zeit	WpM	Zeit	WpM	Zeit	WpM
2:00	857	2:10	791	2:20	734	2:30	685
2:40	642	2:50	605	3:00	571	3:10	541
3:20	514	3:30	489	3:40	467	3:50	447
4:00	428	4:10	411	4:20	395	4:30	381
4:40	367	4:50	354	5:00	343	5:10	332
5:20	321	5:30	311	5:40	302	5:50	294
6:00	286	6:10	278	6:20	270	6:30	264
6:40	257	6:50	251	7:00	245	7:10	239
7:20	234	7:30	228	7:40	223	7:50	219
8:00	214	8:10	210	8:20	206	8:30	202
8:40	198	8:50	194	9:00	190	9:10	187
9:20	184	9:30	180	9:40	177	9:50	174
10:00	173	10:10	170	10:20	167	10:30	164
10:40	162	10:50	159	11:00	157	11:10	155
11:20	152	11:30	150	11:40	148	11:50	146
12:00	144	12:10	142	12:20	139	12:30	137
12:40	135	12:50	133	13:00	132	13:10	130
13:20	128	13:30	127	13:40	125	13:50	124
14:00	122	14:10	121	14:20	120	14:30	118
14:40	117	14:50	115	15:00	114	15:10	113
15:20	112	15:30	111	15:40	109	15:50	108
16:00	107	16:10	106	16:20	105	16:30	104
16:40	103	16:50	102	17:00	101	17:10	101

Schritt 3 und 4

Beantworten Sie folgende Fragen. Zählen Sie dann Ihre falschen Antworten zusammen und rechnen Sie sie in Prozent um: Eine falsche Antwort entspricht zehn Prozent, zwei falsche Antworten zwanzig Prozent usw.

Fragen zum Testtext

1. Mbanda, ein Bayaka-Pygmäe, ist ein …
a) Fährtenleser.
b) Träger.
c) Wilderer.
d) Biologe.

2. Damit die Tiere nicht von den Menschen überrascht werden, …
a) rufen und sprechen die Menschen laut.
b) machen die Menschen Schnalzlaute.
c) wird mit Stöcken gegen Bäume und Äste geschlagen.
d) werden Trillerpfeifen benutzt.

3. Die Habituierung des Gorillaführers Makumba hat bisher …
a) ein Jahr gedauert.
b) zwei Jahre gedauert.
c) drei Jahre gedauert.
d) vier Jahre gedauert.

4. Wie viele Touristen dürfen gleichzeitig zu den Tieren?
a) Zwei bis drei Touristen.
b) Fünf bis sieben Touristen.
c) Bis zehn Touristen.
d) Über zehn Touristen.

5. Die Pygmäen orientieren sich im Wald …
a) ohne Hilfsmittel.
b) nur mit einem Kompass.
c) nur mit einer Karte.
d) mit einem GPS-System.

6. Zur Nahrungssuche legen die Gorillas täglich ca. …
a) 2 km zurück.
b) 5 km zurück.
c) 10 km zurück.
d) über 10 km zurück.

7. Wenn der Anführer einer Gorillafamilie stirbt, …
a) entstehen neue Rangkämpfe.
b) übernimmt das nächste jetzt ranghöchste Tier die Führung.
c) zerfällt die ganze Gruppe.
d) ist nicht im Text erwähnt, was passiert.

8. Das Gorillaoberhaupt hat ein Lebendgewicht von ca. …
a) 125 kg.
b) 155 kg.
c) 180 kg.
d) 200 kg.

9. Die beobachtete Gorillafamilie hat ca. …
a) acht Mitglieder.
b) zehn Mitglieder.
c) 14 Mitglieder.
d) mindesten 16 Mitglieder.

10. Für das Treffen mit dem Gorilla Makumba zahlt jeder Tourist rund …
a) 50 Euro.
b) 100 Euro.
c) 150 Euro.
d) 200 Euro.

Antworten: 1a, 2b, 3d, 4a, 5a, 6a, 7c, 8c, 9d, 10b

Schritt 5

Ziehen Sie nun wie auf Seite 49 beschrieben den Prozentsatz der falsch beantworteten Fragen von Ihrer Lesegeschwindigkeit in WpM ab und ermitteln Sie so Ihre effektive, fehlerbereinigte Lesegeschwindigkeit.

Jetzt haben Sie Ihre bisherige Lesegeschwindigkeit ermittelt. Merken Sie sich diese gut, damit Sie „Vorher" und „Nachher" vergleichen können.

4.4 Entspannungsteil

Die folgende Übung ist sehr schnell und stresst Sie womöglich. Gehen Sie sie langsam und gelassen an – das hier ist kein Wettbewerb, sondern nur ein Training. Setzen Sie sich einfach hin, starten Sie vor jeder Schnelllese-Übung die Datei „Entspannung.mp3", die Sie sich aus dem Internet heruntergeladen haben. Folgen Sie der Anleitung und bringen Sie sich in einen entspannten und aufnahmebereiten Zustand, ehe Sie mit der Übung „Schnelllesen" beginnen.

4.5 Übung „Schnelllesen"

Sie wissen inzwischen, was Sie beim Lesen bremst: das Subvokalisieren, die Regression und die Tatsache, dass Sie Wort für Wort lesen. Es sind Ihre alten Gewohnheiten, die Sie wahrscheinlich schon seit Jahrzehnten, womöglich schon seit der Grundschule, so praktizieren und gewohnt sind.

In der folgenden Übung werde ich Sie zu einem Lesestil ohne diese Gewohnheiten führen.

Dazu muss ich Sie in eine Situation versetzen, in der Sie Ihre alten Gewohnheiten nicht anwenden können. Ich werde Sie so schnell lesen lassen, dass Sie keine Zeit mehr haben für Subvokalisation und Regression oder dafür, jedes Wort einzeln zu lesen. Bei diesem Tempo werden Sie den Text wahrscheinlich nicht verstehen, zumindest anfangs nicht. Aber Verständnislesen beherrschen Sie ja schon; wir kümmern uns nun um Ihre Lesegeschwindigkeit.

Vielleicht meinen Sie, das seien unrealistische Übungen, wie wir sie im Leben nie vorfinden. Sehen Sie diese Übungen als eine Art Bodybuilding an. Die Übungen, die Sie im Fitnessstudio machen, entsprechen ebenfalls nicht der Realität, kommen im Leben so niemals vor, und trotzdem erlangen Sie durch dieses Training mehr Kraft, Ausdauer und Geschicklichkeit für das „normale" Leben.

Übung: Schnelllesen

Für diese Übung brauchen Sie nun den Roman und die Karte, die Sie während des Lesens nicht, wie vielleicht gewohnt, *unter,* sondern *über* die zu lesende Zeile legen, sodass der Text über der Zeile, die Sie gerade lesen, abgedeckt ist. So verhindern Sie eine Regression zu oberhalb liegenden Textstellen.

Nun starten Sie die Datei „Metronom_1.mp3": Während der ganzen Übung hören Sie eine angenehme, leise Musik im Hintergrund. Nach einer kurzen gesprochenen Einleitung hören Sie das regelmäßige Knacken eines Metronoms. Das ist der Takt Ihrer Lesegeschwindigkeit. Bei jedem „Knack" schieben Sie die Lesekarte genau eine Zeile nach unten und lesen die darunter liegende Zeile. Vielleicht erinnert Sie das wie mich an eine antike Galeere, bei der jeder Paukenschlag des Taktgebers einen weiteren Ruderschlag bedeutete. Hier ist das Metronom der Taktgeber, und jedes „Knack" bedeutet eine neue Zeile.
[Sollten Sie die Datei aus irgendeinem Grund nicht abspielen können, machen Sie die Übung mit einem richtigen oder virtuellen Metronom (z.B. unter www.metronomeonline.com). Wie Sie das Metronom in diesem Falle einstellen, erfahren Sie in der Tabelle auf Seite 60.]

Wie gesagt: Das Tempo, das die Datei vorgibt, ist wahrscheinlich zu schnell, um den Inhalt zu verstehen. Das soll und muss so sein; bleiben Sie auf alle Fälle im vorgegebenen Tempo und verzichten Sie auf das Verständnis, denn darum geht es nicht. Wichtig ist, dass Sie (in der kurzen Zeit zwischen zwei „Knack"-Lauten) die ganze Zeile überfliegen und nicht nur die ersten ein bis zwei Wörter. Wenn Sie etwas verstehen und aufnehmen, ist das gut, wenn Sie nichts verstehen, ist das ebenfalls in Ordnung. Bei diesem Tempo wird Ihnen die Zeit fehlen, Ihre alten Gewohnheiten zu praktizieren, und genau das soll erreicht werden.

Wiederholen Sie den beschriebenen Vorgang mit den Dateien „Metronom_2.mp3" und „Metronom_3.mp3". Jede dieser drei Geschwindigkeitsübungen hat den gleichen Aufbau: Sie beginnt jeweils mit einer kurzen, von mir gesprochenen Einleitung, bevor das Metronom mit dem regelmäßigen Knacken beginnt. Das Tempo wird innerhalb der Übung zweimal gesteigert und dann wieder in zwei Schritten zum anfänglichen Tempo gedrosselt (den genauen Aufbau zeigt die folgende Tabelle). Der Wechsel der Tempi wird jeweils angesagt.

Aufbau der MP3-Dateien	
	Dauer
Einleitung	2 min
Starttempo	2 min
Mittleres Tempo	2 min
Höchstes Tempo	2 min
Mittleres Tempo	2 min
Starttempo	2 min
Gesamt	ca. 11:30 min

Die drei MP3-Dateien unterscheiden sich lediglich in der Taktung des Metronoms:

Taktung der MP3-Dateien	
MP3-Datei	**Schläge pro Minute**
Metronom_1.mp3	40 – 46 – 52 – 46 – 40
Metronom_2.mp3	50 – 56 – 63 – 56 – 50
Metronom_3.mp3	60 – 69 – 80 – 69 – 60

Bei einer Taktung von 40 Schlägen pro Minute haben Sie also z.B. 1,25 Sekunds pro Zeile Zeit.
Mit dieser Liste können Sie leicht die Lesegeschwindigkeit errechnen: Multiplizieren Sie die Taktung mit der durchschnittlichen Wortzahl pro Zeile in Ihrem Buch.

Nun können Sie Ihren Roman nehmen und starten. Gutes Gelingen!

Am Anfang der Übung haben Sie vielleicht das Gefühl, kein Wort des Gelesenen zu verstehen (und das ist in Ordnung, denn Sie sollen ja Ihr *Tempo* trainieren). Wenn Sie aber am Ende der Übung wieder zum Starttempo zurückkehren, verstehen Sie wahrscheinlich schon ein paar Wörter mehr.

Sind Sie Autofahrer? Dann kennen Sie diesen Effekt sicher: Wenn Sie morgens zur Arbeit fahren, erscheint Ihnen ein Tempo von 75 km/h auf einer kleinen Landstraße recht schnell. Sind Sie dagegen gerade von der Autobahn abgefahren, kommen Sie sich auf der gleichen Straße mit dem gleichen Tempo wie ein langsames Verkehrshindernis vor.

4.6   Für ganz Schnelle und Fortgeschrittene

Wenn Sie bereits ein schneller Leser sind und bei der Anfangsgeschwindigkeit der Schnelllesen-Übung (Metronom_1.mp3) alles Gelesene verstehen, sollten Sie sich ein anderes Buch mit mehr Wörtern pro Zeile aussuchen.

> Sie müssen das Gefühl haben, das Training sei Ihnen mindestens zwei Nummern zu groß.

Nur so werden Sie gezwungen, andere Wege zu gehen, weil die alten Gewohnheiten nicht funktionieren.

Herausgefordert werden Sie, wenn Sie bei den Übungen mit einer Geschwindigkeit starten, die ca. 50 Prozent höher ist als Ihre bisherige Geschwindigkeit beim Lesen eines Romans. In der folgenden Tabelle können Sie ablesen, welche Geschwindigkeit Sie bei den Übungen erreichen:

Wör-ter/ Zeile	Schläge pro Minute in der Übung								
	Metronom_1.mp3			Metronom_2.mp3			Metronom_3.mp3		
	40	46	52	50	56	63	60	69	80
7	280	322	364	350	392	441	420	483	560
8	320	368	416	400	448	504	480	552	640
9	360	414	468	450	504	567	540	621	720
10	400	460	520	500	560	630	600	690	800

Liegt Ihre bisherige Geschwindigkeit bei 200 WpM, starten Sie die Übung mit 50 Prozent mehr, also mit 300 WpM. Ein Buch mit sieben bis acht Wörtern pro Zeile ist dann ideal.

4.7 Die 30-Sekunden-Übung

Für diese Übung brauchen Sie nun eine Stoppuhr oder eine Uhr mit Sekundenanzeige.
Der Übungstext besteht aus 25 Zeilen mit je fünf Spalten. Sie werden Zeile für Zeile bearbeiten. Beginnen Sie in der ersten Zeile und schauen Sie auf das erste Zeichen ( ), das das Hauptzeichen für diese Zeile ist. Ihre Aufgabe ist es, jedes weitere Vorkommen dieses ersten Zeichens in der Zeile zu erkennen und zu markieren. Im folgenden Beispiel finden Sie es in der vorletzten Spalte:

Dann gehen Sie in die nächste Zeile, merken sich wieder das erste Zeichen und suchen es in der gleichen Zeile. So arbeiten Sie Zeile für Zeile durch. Um es Ihnen nicht so leicht zu machen, kommt das Hauptzeichen manchmal auch zweimal oder gar kein weiteres Mal in der Zeile vor.
Und nun kommen noch zwei Herausforderungen:

Erstens: Sie müssen diese Übung (also 25 Zeilen) innerhalb von 30 Sekunden schaffen.

Sie haben also pro Zeile eine gute Sekunde Zeit, mehr nicht. Es bleibt keine Zeit für Regression, ein einziger kurzer Blick muss reichen.
Auch Subvokalisation ist nicht möglich. Sie können sich z.B. bei dem Zeichen „ “ nicht sagen: „Daumen von der Seite, zeigt nach unten, nicht ausgemalt." Sie werden die erste Spalte anders erfassen müssen, wortlos.

Zweitens: Sie müssen mindestens fünf Fehler machen.

Das klingt auf den ersten Blick erstaunlich und ungewohnt, nicht wahr? Die 30 Sekunden klingen ja noch akzeptabel, aber warum müssen Sie Fehler machen? Fehler machen ist schlecht, haben wir von Kindesbeinen an gehört und auch verinnerlicht, und jetzt sollen Sie gleich fünf machen?

Ja, Sie müssen mindesten fünf Fehler machen, denn zum einen ist die Zeit mit 30 Sekunden so kurz bemessen, dass Sie es ohne die Fehler gar nicht schaffen können. Zum anderen ist Ihr Gehirn äußerst fehlertolerant, wie der „Buchstaben-dreher" in Kapitel 3.3 schon gezeigt hat: Würden Sie ohne Mut zur Lücke und mit Genauigkeit und Perfektion an diesen Text herangehen, kämen Sie vermutlich nicht weiter. Der Sinn des Wortes „Bstachuebn" bliebe Ihnen dann wahrscheinlich verborgen.

Die 30-Sekunden-Übung fällt fast allen Teilnehmern in meinen Seminaren erst einmal schwer. Vielen widerstrebt diese Übung sogar, denn wir wollen alle gern fehlerfrei und perfekt sein. Aber gerade dieser Perfektionismus kostet uns oft eine Menge Zeit.

> „So gut wie nötig, nicht so gut wie möglich", ist hier die Devise.

In diesem Fall sind 30 Sekunden von Ihnen gefordert und um das zu schaffen, ist es auch nötig, Fehler zu machen.

Ich will Sie nicht dazu bringen, in Zukunft fehlerhaft zu arbeiten. Oft bringt Ihnen das aber eine große Zeitersparnis. Wenn Sie einen Text in einer fremden Sprache lesen, die Sie ganz gut, aber nicht perfekt beherrschen, schlagen Sie wahrscheinlich nicht jedes Ihnen unbekannte Wort nach, denn Sie wissen: Vom Verständnis wird Ihnen dennoch nichts fehlen. In unserer Muttersprache ist das aber für die meisten von uns etwas anderes, da muss einfach alles stimmen. Viele Menschen können daher gar nicht bewusst ungenau und fehlerhaft arbeiten, auch wenn das gerade die effektivste Art wäre. Lernen Sie es, um in Zukunft die freie Wahl zu haben. Kommen wir nun also zu der 30-Sekunden-Übung. Die Teile A bis D der 30-Sekunden-Übungen finden Sie im Anhang.

30-Sekunden-Übung

Ich erlebe immer wieder Teilnehmer, die ungehalten werden bei dieser Übung und dann irgendwann, manchmal lachend, meinen: *„So ein Quatsch, jetzt reicht es mir, jetzt mach ich es halt irgendwie, ist mir doch egal."* Und genau dann lassen sie von ihren Vorstellungen ab, werden locker, schaffen meist die Zielvorgaben und haben sogar Spaß daran.

Werden Sie fehlertolerant. Liefern Sie in 30 Sekunden eine 80-Prozent-Lösung (vgl. Pareto-Prinzip, Kap. 5.4). Das gilt nicht für Verträge u.Ä., bei denen es auf jedes Wort ankommt. Es trifft aber auf den Großteil der Texte zu, die Sie lesen müssen.

4.8 Test nachher: Ihr persönlicher Geschwindigkeitsgewinn innerhalb von zwei Tagen

Wenn Sie die Übungen dieses Kapitels erfolgreich absolviert haben, wird es Zeit, dass Sie Ihren Erfolg messen. Verfahren Sie bei diesem Test wie beim „Test vorher" (Kapitel 4.3).

Sind Tiere von Natur aus gut?
Von Uta Henschel

Lange Zeit war Evolution nur ein anderes Wort für den Kampf ums Dasein. Der Sieg gehörte denen mit den schärfsten Zähnen. Jetzt stellen immer mehr Forscher fest, dass Tiere durch Hilfsbereitschaft, Mitgefühl und Freundlichkeit viel weiter kommen.

Sie meinen, wir Menschen seien die einzigen Bewohner der Erde mit einem Sinn für Moral? Viele Philosophen und Biologen denken so. Nur dem Menschen trauen sie zu, Recht von Unrecht zu unterscheiden und seine Handlungen nach ethischen Regeln auszurichten. Mit dem Begriff „Menschlichkeit" beansprucht Homo sapiens die Alleinvertretung für alles Gute auf der Welt. Mitgefühl, Hilfsbereitschaft, Selbstlosigkeit, Gerechtigkeit, Freundschaft, Fairness, Versöhnung wollen wir allein uns selbst verdanken und nicht etwa der Natur.

Umso heftiger sind die Irritationen, seit Forscher zunehmend dort auf „humane" Umgangsformen stoßen, wo sie der Definition nach am wenigsten erwartet werden: bei denen, die sich angeblich animalisch, viehisch, bestialisch, tierisch, brutal aufführen; bei denen, die bestenfalls als „Überlebensmaschinen" ihrer Gene zum Daseinskampf antreten. Bei einer Kolonie von Vampir-Fledermäusen, zum Beispiel.

Sich als Vampir durchzuschlagen, ist keineswegs einfach. Schon der einseitigen Kost wegen. Tiere der Art Desmodus rotundus ernähren sich zu 100 Prozent von Blut. Eine Gewohnheit, die ihnen Aberglaube und Verfolgung eingebracht hat. Was die Lage der Fledertiere noch erschwert, ist ihr rasanter Stoffwechsel. Ohne regelmäßige „Blutspenden" müssen Vampire verhungern. Spätestens alle drei Tage brauchen sie eine warme Mahlzeit.

Die zu beschaffen, verlangt Glück wie Geschick: beim Beschleichen eines schlafenden Rinds und erst recht beim Biss, der die Warmblüterquelle zum Sprudeln bringt – ohne den Gastgeber zu wecken. Selbst erwachsenen Vampiren gelingt das nicht immer. Unerfahrene Jungvampire gehen jede dritte Nacht leer aus. Eigentlich erstaunlich, dass die Spezies unter derart widrigen Bedingungen überlebt hat.

Wie sie es dennoch schafft, ist die Frage, die den amerikanischen Biologen Gerald Wilkinson dazu veranlasst, Untermieter einer Vampirkolonie zu werden. In einem hohlen Baumstamm, auf dem Rücken liegend, schaut der Forscher stundenlang hinauf zu dem dichten Gedränge kleiner Leiber. Etwa ein Dutzend weibliche Tiere, deren Partner und Junge hängen senkrecht über ihm. Im Dunkeln funkeln die Reflektorbänder, mit denen Wilkinson die Vampire gekennzeichnet hat, um sie unterscheiden zu können. So sammelt er Nacht für Nacht Informationen – und was sonst infolge des raschen Stoffwechsels auf ihn hinabrieselt.

Was Wilkinson dabei beobachtet, erstaunt ihn zutiefst: Vampire, die mit vollen Mägen zur Kolonie zurückkehren, geben denen, die Pech gehabt haben, etwas ab. Es scheint, als merkten die Fledermäuse, wer es nötig hat. Trotzdem füttern sie keineswegs jeden darbenden Genossen.

Sie bedenken vor allem den Nachwuchs. Solche Fürsorge, auch „Verwandtenselektion" genannt, gehört zur üblichen Praxis vieler Arten und gilt in der Evolutionslehre als egoistisches Verhalten. Die scheinbar Generösen begünstigen in Wahrheit nur jene Teile des eigenen Erbguts, die sie mit ihren Angehörigen gemein haben.

Als wissenschaftliche Sensation dagegen wertet Wilkinson, dass Vampire auch solche Artgenossen füttern, mit denen sie nicht verwandt, aber häufig zusammen sind. Blut aus dem Magen eines Tieres wird dabei ins Maul eines anderen gewürgt – ungewöhnlich, aber auch ein Zeichen für Altruismus?

Verhalten, lautet die biologische Faustregel, muss nützlich sein, ansonsten wird es von der Natur aussortiert. Was hat ein Spender-Vampir also davon, dass er eine nicht verwandte Fledermaus vor dem Hungertod rettet? Kann es sich für ihn lohnen, einem Artgenossen zu helfen?

Wilkinson ist klar, dass die Antwort auf diese Frage unanfechtbar sein muss, will er seine Reputation nicht verspielen. Also richtet er in seinem Labor an der Maryland University eine eigene Vampirkolonie ein. Unter kontrollierten Bedingungen verfolgt er dort, wer wem hilft. Und tatsächlich: Dem Blutaustausch zwischen nicht verwandten Tieren liegt ein Muster zugrunde – das der Gegenseitigkeit.

Die Vampire teilen ihre Kost nur mit solchen Artgenossen, die ihnen in ähnlicher Not etwas abgegeben haben. „Die Mitglieder einer Kolonie kennen einander genau und haben ein gutes Gedächtnis dafür, wer ihnen schon mal zu Hilfe gekommen ist."

Verstößt ein Tier gegen diesen Vertrauenspakt und genießt, ohne zu teilen, lässt die Quittung nicht lange auf sich warten. Der Eigenbrötler wird von den anderen Koloniemitgliedern nicht mehr gefüttert. Egoisten sind damit zum Hungertod verurteilt.

Müssten die Blutsauger mit dem auskommen, was jedes Tier für sich allein erbeutet, stünde es schlecht um sie. Die Hälfte ihres Nachwuchses würde keine vier Wochen alt, und die gesamte Spezies wäre nach nur zwei Generationen ausgestorben. Nachbarschaftshilfe ist ihre Lebensversicherung, das Ganze eine Art Sozialvertrag.

Mit dieser Deutung hat Gerald Wilkinson ein Fenster aufgestoßen, durch das nicht nur Vampire, sondern der animalische Kosmos überhaupt in einem neuen, freundlicheren Licht erscheint.

Statt automatenhaft auf Reize zu reagieren oder einem genetischen Programm zu gehorchen, verfolgen Vampire genau, was um sie herum geschieht, ehe sie unter mehreren Möglichkeiten wählen. Für welche sie sich entscheiden, hängt davon ab, was sie – aus Erfahrung und Beobachtung – über ihre Artgenossen wissen. Auch „freundschaftliche Beziehungen" spielen eine wichtige Rolle. Am meisten jedoch überrascht, dass die Fledertiere den Hunger eines Artgenossen nachempfinden. Woher sonst wüssten sie, was ihm fehlt? Und sie erwarten eine Gegenleistung. Warum sonst reagieren sie auf deren Ausbleiben mit Sanktionen? So scheint plötzlich denkbar, dass Nettsein zum Nachbarn manchmal die beste Überlebensstrategie sein kann.

Das ist Wasser auf die Mühlen des niederländischen Biologen Frans de Waal. Der Forscher, der an der Emory University in Atlanta lehrt, hat sich seit 20 Jahren einen Namen gemacht auf dem lange vernachlässigten Feld des „ethischen Verhaltens" von

Primaten. Zugleich hat er seine Kollegen immer wieder gedrängt, es ihm gleichzutun und bei Nicht-Primaten zu untersuchen, was er bei Schimpansen, Bonobos, Makaken und Kapuzineraffen entdeckt hat.

Wilkinsons Ergebnisse bestätigen, was de Waal als „tiefes Paradoxon" bezeichnet: dass „die genetische Selbstverwirklichung auf Kosten anderer – also das, was die Evolution hauptsächlich antreibt – ausgeprägte Fähigkeiten zur Fürsorge und zum Mitgefühl hervorgebracht hat".

Aufgrund seiner Beobachtungen hält de Waal es für erwiesen, dass moralische Empfindungen „älter sind als unsere Spezies". Den Ursprüngen von gut und böse, richtig und falsch spürt er nach in jenen einfachen Regelsystemen, „wie sie das Verhalten sozial lebender Tiere bestimmen und deren Gemeinschaft stabilisieren".

De Waals Interesse an tierischen Normen, seine Überzeugung, dass es sich um „Bausteine menschlicher Moral" handelt, ist vor 30 Jahren geweckt worden, als der Primatologe, noch am Anfang seiner Karriere, im niederländischen Arnheim arbeitete. Fasziniert vom Thema Aggression, verfolgte er das Treiben der damals größten Schimpansenkolonie im Zoo. Denn mindestens fünfmal täglich gab es Streit im Gehege. Und fast ebenso regelmäßig sanken die Gegner einander kurz danach wieder in die Arme. Selten ertrugen sie es, einander länger böse zu sein.

Damit stieß de Waal auf den ersten „Baustein" und nannte ihn Versöhnung – in der Primatologie der 1970er Jahre ein radikaler Begriff. So begann eine Revolution gegen die einseitige Auslegung der Natur als Schauplatz eines gnadenlosen Kampfes. Dass Primaten einander gelegentlich übel zurichten, Schimpansen sich gegenseitig umbringen oder ihre Rivalen kastrieren, bestreitet de Waal nicht. Dies aber beschreibe nur die eine Hälfte des Bildes. Daneben existiere ein paralleles Universum, in dem Primaten zusammenhalten, soziale Gruppen bilden, einander durch Küsse, Sex, Umarmungen und Fellpflege ihre Zuneigung beweisen und durch wechselseitige Hilfe ihre Lebensqualität verbessern.

In der Wildnis wie im Gehege, konstatiert de Waal, verlässt kein Verlierer eines Streits freiwillig seine Gemeinschaft. Sie schützt ihn vor Beutegreifern; sie ist die vertraute Umwelt, in der alle leben, die ihm nahe sind. Umgekehrt riskiert kein Sieger, um einer aufflammenden Rivalität willen den Trupp zu spalten, dessen Stärke in der Zahl seiner Mitglieder besteht. Auch will sich der

Sieger innerhalb des sicheren Verbands nicht dauerhaft einen Feind schaffen. Für beide Kontrahenten steht zu viel auf dem Spiel. Miteinander auszukommen ist das Gebot der Gruppe.

Baustein um Baustein dieser urwüchsigen Primatenmoral hat de Waal seither erforscht und mit Begriffen benannt, die in der Biologen-Sprache bis dahin verpönt waren: Schimpansen zeigen Mitleid mit Schwachen und Alten, spenden Unterlegenen Trost. Einzelne, meist weibliche Tiere betätigen sich als Friedensstifter der Gemeinschaft und vermitteln zwischen grollenden Gegnern, die es nicht schaffen, den ersten Schritt zu tun.

Ihre kollektive Auffassung von dem, was sich für die Mitglieder ihrer Gruppe gehört, setzen die Tiere mit Sanktionen durch. Wer vom Futter nichts abgibt, wer Nebenbuhler erbarmungslos verfolgt oder zu spät aus dem Freigehege ins Schlafhaus kommt und alle aufs Abendessen warten lässt, wird gemieden, bedroht, verprügelt.

Jüngst hat Frans de Waal einigen Kapuzineraffen entlockt, unter welchen Bedingungen sie zur Kooperation bereit sind; nur dann nämlich, wenn sie damit rechnen können, dafür von ihrem Partner anschließend mit Futter belohnt zu werden. Und er hat ermittelt, was sie sich bei ihrem ausgeprägten Sinn für Fairness und Gerechtigkeit auf keinen Fall bieten lassen: ungleiche Behandlung! Gurkenstücke als Arbeitslohn – sonst sehr willkommen – wirft ein Kapuzineraffe wütend weg, wenn er sieht, wie der menschliche Versuchsleiter einem anderen Probanden für die gleiche Leistung ein paar süße Weinbeeren reicht.

„Würden Außerirdische", so Frans de Waal, „auf unserem Planeten nach moralischem Verhalten suchen, wer weiß, ob der Mensch dabei wirklich am besten abschnitte."

(© GEO Wissen „Sünde und Moral")

Wörter: 1322

Zeit	WpM	Zeit	WpM	Zeit	WpM	Zeit	WpM
2:00	661	2:10	610	2:20	567	2:30	529
2:40	496	2:50	467	3:00	441	3:10	417
3:20	397	3:30	378	3:40	361	3:50	345
4:00	331	4:10	317	4:20	305	4:30	294
4:40	283	4:50	274	5:00	264	5:10	256
5:20	248	5:30	240	5:40	233	5:50	227
6:00	220	6:10	214	6:20	209	6:30	203

6:40	198	6:50	193	7:00	189	7:10	184
7:20	180	7:30	176	7:40	172	7:50	169
8:00	165	8:10	162	8:20	159	8:30	156
8:40	153	8:50	150	9:00	147	9:10	144
9:20	142	9:30	139	9:40	137	9:50	134
10:00	132	10:10	130	10:20	128	10:30	126
10:40	124	10:50	122	11:00	120	11:10	118
11:20	117	11:30	115	11:40	113	11:50	112

Fragen zum Testtext

1. Tiere der Art Desmodus rotundus ernähren sich zu …
a) 50 % von Blut.
b) 75 % von Blut.
c) 90 % von Blut.
d) 100 % von Blut.

2. Die kleinen Vampire brauchen eine warme Mahlzeit …
a) täglich.
b) mindestens alle drei Tage.
c) mindestens alle fünf Tage.
d) mindestens einmal pro Woche.

3. Gerald Wilkinson beobachtete ein Vampirkolonie …
a) in einem hohlen Baumstamm.
b) in einer Höhle.
c) unter einem Felsvorsprung.
d) in einer Baumkrone.

4. Unerfahrene Jungvampire gehen durchschnittlich …
a) jede zweite Nacht leer aus.
b) jede dritte Nacht leer aus.
c) einmal in der Woche leer aus.
d) ist nicht erwähnt.

5. Die Vampire teilen ihre Kost …
a) ausschließlich mit ihrem Nachwuchs.
b) ausschließlich mit alten, gebrechlichen Artgenossen.
c) mit jedem Artgenossen.

d) mit solchen Artgenossen, die ihnen in ähnlicher Not etwas abgegeben haben.

6. Der Biologe Frans de Waal ist Forscher …
a) an einer Universität in Atlanta.
b) an einer Universität in Amsterdam.
c) an einer Universität in Cambridge.
d) an keiner Universität.

7. Frans de Waal arbeitet als Primatologe bereits seit …
a) 10 Jahren.
b) 20 Jahren.
c) 30 Jahren.
d) 40 Jahren.

8. Müssten die Blutsauger mit dem auskommen, was jedes Tier für sich allein erbeutet, …
a) würde sich der Bestand sehr stark dezimieren.
b) wäre die gesamte Spezies nach nur zwei Generationen ausgestorben.
c) wäre die gesamte Spezies nach fünf Generationen ausgestorben.
d) hätte dies nur geringe Folgen.

9. In dem Gehege, das de Waals beobachtete, gab es …
a) selten Streit.
b) täglich durchschnittlich einmal Streit.
c) täglich mindestens fünfmal Streit.
d) nur unter den Männchen Streit.

10. Wenn Kapuzineraffen zu wenig zu essen haben, …
a) ist nicht erwähnt.
b) klauen sie sich etwas bei Artgenossen.
c) warten sie, bis ihnen etwas gegeben wird.
d) betteln sie bei den Artgenossen.

Antworten: 1d, 2b, 3a, 4b, 5d, 6a, 7c, 8b, 9c, 10a

Wie ist Ihr Ergebnis? Haben Sie Ihren Übungsplan eingehalten, sollten Sie sich um einige -zig Prozent verbessert haben.

5 Weiteres Tuning

Weitere Techniken und Tipps zum schnelleren Lesen

5.1 Lesestoff gezielt auswählen

Wie entscheiden Sie, ob es sich lohnt, ein Buch zu kaufen oder einen Fachaufsatz zu lesen? Haben Sie auch schon einmal ein Buch aufgrund seines überzeugenden Titels, Covers oder Klappentextes gekauft und waren dann beim Lesen vom Inhalt enttäuscht? Dachten Sie dann auch: Das hätten Sie sich sparen können? Das Buch hatte nun einmal ein ansprechendes Design und einen überzeugenden Klappentext … Andererseits: Haben Sie schon einmal ein Buch mit einem schlecht lautenden Klappentext gesehen? Natürlich wird das Buch dort immer in den höchsten Tönen gelobt. Hier können Sie bestenfalls etwas über Thema und Zielpublikum des Buchs herausfinden.

Ich habe die geschilderte Situation auch schon häufig umgekehrt erlebt: Manch ein Buch hätte ich, nachdem ich es zwei, drei Minuten in der Hand hatte, nie gekauft. Die Aufmachung war einfach nicht mein Fall, die Illustrationen nicht mein Stil und der Autor erschien mir auf dem Foto nicht gerade sympathisch. Als ich es aber auf Empfehlung doch gelesen habe, war ich begeistert.

Man sollte sich also beim Buchkauf nicht nur auf Äußerlichkeiten verlassen, sondern z.B. auch auf Empfehlungen, Rezensionen oder Bestseller-Listen. Allerdings entsprechen diese nicht unbedingt Ihren persönlichen Vorlieben und Ansprüchen.

Aus diesem Grund sollten Sie sich zur Auswahl Ihrer Lektüre eine Technik aneignen, mit der Sie den potenziellen Lesestoff effizient und Ihren eigenen Ansprüchen gemäß einschätzen können.

Im Folgenden erfahren Sie, wie Sie Bücher vor dem Kauf bzw. dem Lesen bewerten und gezielt auswählen. Sie lernen, zügig zu ermitteln, …

◆ ob Sie das jeweilige Buch wirklich lesen wollen,
◆ ob es das Richtige für Sie ist,
◆ ob Sie wirklich alles lesen müssen und
◆ *wie* Sie das Buch / den Text lesen wollen.

Der Check dauert 15 Minuten pro Buch. Diese Investition lohnt sich auf alle Fälle, und zwar gleich mehrfach:

1. Wenn Sie auf diese Weise 40 Bücher bewerten, benötigen Sie zehn Stunden dafür. Wenn Sie dabei nur ein einziges Buch aussortieren, für dessen Lektüre Sie zehn Stunden gebraucht hätten, war Ihre Mühe aufwandsneutral, Sie haben nichts gewonnen und nichts verloren. Sie werden aber bestimmt eine höhere Ausschlussquote haben. Mit jedem weiteren zur Seite gelegten Buch gewinnen Sie zehn Stunden Zeit.
   Vielleicht beschließen Sie auch nach der Prüfung, nur ausgewählte Kapitel des jeweiligen Buches zu lesen: Auch dadurch gewinnen Sie Zeit für Dinge, die Ihnen wichtiger erscheinen.

2. Durch die viertelstündige Beurteilung eines Buches befassen Sie sich bereits intensiv mit dem Inhalt des Buches. Diese Vorarbeit bewirkt, dass Sie das Buch anschließend schneller und effektiver lesen. Die Verarbeitungstiefe wird so erhöht und dadurch auch Ihre Merkfähigkeit.

3. Wenn Sie erst beim Lesen merken, dass das Buch nicht Ihren Erwartungen entspricht, ist es meist zu spät für Umtausch oder Rückgabe. Investieren Sie die 15 Minuten also, *bevor* Sie ein Buch bezahlen. In den meisten Buchhandlungen dürfen Sie sich die Bücher vor dem Kauf in Ruhe ansehen. Meine Buchhandlung lädt z.B. mit Springbrunnen, Sofas und Musik dazu ein. Wenn Sie über den Versandbuchhandel kaufen, können Sie die Bücher sogar zu Hause prüfen und haben in der Regel ein 14-tägiges Rückgaberecht.

Dieser viertelstündige Vorgang bezieht sich auf ein Buch. Bei einem Artikel, den Sie in 20 Minuten durchlesen, ergibt er keinen Sinn. Sie reduzieren dann diese Vorarbeit auf zwei, drei Minuten. Dabei können Sie nach dem gleichen Prinzip verfahren, das folgenden fünfschrittigen Aufbau hat:

Buch-Check	
Schritt 1: Erwartung/Ziel	2 min
Schritt 2: Vorwissen	5 min
Schritt 3: Überblick	4 min
Schritt 4: Durchblättern, Zufallswörter	2 min
Schritt 5: Schlussfolgerung	2 min

Mithilfe der folgenden Übungen können Sie entscheiden, ob es sich lohnt, ein Buch zu lesen, und wie intensiv Sie es lesen sollten. Legen Sie sich ein ungelesenes Buch zurecht, von dem Sie wissen wollen, ob die Lektüre sich für Sie lohnt.

Schritt 1: Erwartung/Ziel (2 min)

Aufgabe

Formulieren Sie innerhalb von zwei Minuten präzise die Erwartungen, die Sie an das Buch haben, und die Ziele, die Sie mithilfe des Buches erreichen wollen.

Wenn Sie ein Buch über Selbstmanagement lesen, sagen Sie z.B. nicht: *„Ich erwarte, dass ich erfahre, wie ich Zeit sparen kann, weil ich mehr Zeit haben will."*, sondern sagen Sie beispielsweise: *„Ich erwarte eine genaue Anleitung dazu, wie ich einen effektiven und realistischen Tagesplan erstellen kann. Mein Ziel ist es, jeden Tag eine halbe Überstunde weniger zu machen, weil ich mehr Zeit mit meiner Familie verbringen will."* Schreiben Sie also konkret: *„Ich erwarte …"*, *„ich brauche …"*, *„ich will finden …"* und begründen Sie es: *„weil ich …"* oder *„damit ich …"*.

Was diese Gedanken bewirken können, will ich Ihnen an einem eigenen Beispiel erläutern: Vor einigen Jahren, als ich mich gerade als Trainer selbstständig machte, las ich ein Buch, dessen Autorin behauptete, ich müsse nur etwas im Universum bestellen, genau und präzise, dann bekäme ich es auch vom Leben geliefert. Nicht irgendwann, sondern zum bestellten Zeitpunkt. Das gibt es nicht, das funktioniert nicht, dachte ich und trat den Beweis an: Ich bestellte im Universum meinen ersten Trainingsauftrag mit einem Tagessatz von mindestens 300 D-Mark und innerhalb des laufenden Monats.

Irgendetwas muss ich bei dieser Bestellung falsch gemacht haben – die Lieferung habe ich nämlich nicht erhalten. Aber die Bestellung hat dennoch einiges bewirkt: Zwei Tage später machte ich auf einer Feier die Bekanntschaft einer Frau, die mir erzählte, sie arbeite in einem größeren Unternehmen in der Personalabteilung. Gleich schoss es mir durch den Kopf: *„Die organisieren bestimmt auch Seminare, und vielleicht kommt da ja meine Bestellung."* Und als ich wenige Tage später an einer IHK vorbeifuhr, dachte ich: *„Möglicherweise liegt da drinnen meine Bestellung, ich muss mal nachfragen."* Monate später habe ich dort tatsächlich angefragt und sogar einen Auftrag bekommen.

Die Formulierung einer Bestellung, eines Ziels, bewirkt eine innere Fokussierung auf eben diese Bestellung oder das Ziel. Es lässt Sie Dinge und Chancen erkennen, an denen Sie normalerweise vorbeigegangen wären.

Übertragen auf die Auswahl Ihrer Lektüre bedeutet das: Wenn Sie Ihre Erwartungen an ein Buch auf den Punkt bringen, können Sie leichter entscheiden, ob die Lektüre lohnt, und Sie werden, wenn Sie sich *für* die Lektüre entscheiden, sehr viel nutzenorientierter lesen können. Schließlich werden Sie durch Ihre innere Fokussierung auf bestimmte Dinge viel Dazugehöriges entdecken und einiges wahrnehmen, was Sie andernfalls womöglich überlesen hätten.

Die folgende Übung macht Spaß und bildet eine sehr schöne Analogie zum Thema „Ziele". Sie brauchen dafür eine zweite Person als Hilfe, einen Stift, einen kleinen (Taschen-)Spiegel und die beiden abgebildeten Sterne. Im ersten Teil der Übung bearbeiten Sie nur einen der beiden Sterne.

Nun kommt Ihre Aufgabe. Wichtig: Bitte lesen Sie erst alle Anweisungen bis zum Ende durch, bevor Sie beginnen.

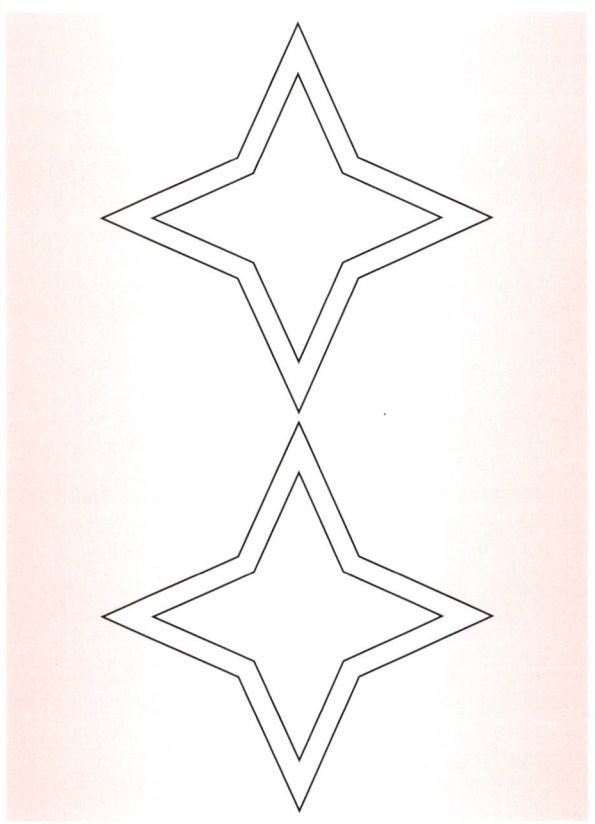

Aufgabe

Ihre Aufgabe besteht darin, einen der beiden links abgebildeten (Doppel-)Sterne auszuwählen. Setzen Sie dann einen Stift in den ca. 0,3 cm breiten Zwischenraum des Sterns und malen Sie den Stern mit einer durchgehenden Linie nach.

Bleiben Sie dabei innerhalb des Zwischenraumes. Das Ergebnis könnte so aussehen, wie es die Grafik nebenan zeigt.

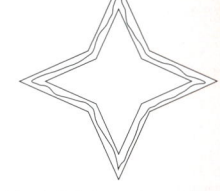

Aber stopp, malen Sie noch nicht gleich los, das wäre etwas zu einfach. Jetzt brauchen Sie noch eine zweite Person. Diese Person verdeckt mit einem Blatt Papier oder einem Buch Ihre Sicht auf den Stern. Um den Stern dennoch zu sehen, nehmen Sie in Ihre freie Hand den (Taschen-)Spiegel und richten Sie ihn so aus, dass Sie den Stern und Ihren Stift darin sehen.

Nun kann es losgehen. Malen Sie mithilfe des Spiegels den Stern innerhalb des Zwischenraums nach.

Probieren Sie es aus, jetzt gleich! Die „Lösung" bzw. „die Moral von der Geschicht'" dürfen Sie nicht wissen, ehe Sie nicht die Übung gemacht haben. Machen Sie also erst die Übung und lesen Sie dann weiter.

Haben Sie die Übung mit dem Stern gemacht? Für die meisten von Ihnen ist sie vermutlich ziemlich schwer: Über 50 Prozent der Teilnehmer eines Seminars schaffen es nicht, den Stern vollständig durch den Spiegel nachzumalen.

Nun erfahren Sie die „Lösung": Die Übung soll Ihnen demonstrieren, dass sich die Aufgabe mental wesentlich besser, einfacher und schneller meistern lässt – Sie werden es gleich erleben. Sie brauchen nun den zweiten Stern und wieder eine Person, die den Stern abdeckt. Los geht es:

Aufgabe

Schließen Sie Ihre Augen und stellen Sie sich den Stern deutlich vor. Malen Sie den Stern dann mit Ihrem Finger blind in die Luft. Das geht einfach, schließlich kennen Sie den Stern, sehen ihn vor Ihrem geistigen Auge und wissen immer, wo es für Ihren Finger lang geht.
Nun machen Sie die Aufgabe auf dem Papier noch einmal. Gehen Sie dabei bitte wie folgt vor:

◆ Nehmen Sie Stift und Spiegel und positionieren Sie sie wie in der vorhergehenden Aufgabe beschrieben. Bitten Sie die andere Person, den Stern abzudecken.

◆ Wenden Sie den Blick vom Stern ab und stellen Sie ihn sich vor Ihrem inneren Auge vor. Fragen Sie sich nun: *„Wo bin ich?"* und *„Wohin will ich?"*. Antworten Sie z.B.: *„Ich bin gerade ganz oben an der Spitze des Sterns."* und *„Ich will jetzt einen Strich steil nach unten und ein wenig nach rechts machen."*

◆ Jetzt spüren Sie den Impuls zu dieser Bewegung in Ihrer Hand: *„Steil nach unten und ein wenig nach rechts".* Sie wissen genau, wie diese Bewegung geht.

◆ Blicken Sie erst jetzt wieder über den Spiegel auf den Stern. Machen Sie gleichzeitig die Bewegung, die Sie in Ihrer Hand spüren, und malen dabei den Strich.

◆ Malen Sie den Stern weiter nach. Kommen Sie an einer Stelle nicht weiter, versuchen Sie es nicht krampfhaft. Halten Sie kurz inne, schauen Sie vom Blatt weg und atmen Sie tief durch. Stellen Sie sich den Stern vor Ihrem inneren Auge vor und fragen Sie sich wieder: *„Wo bin ich?"* und *„Wohin will ich?"*. Antworten Sie: *„Ich bin gerade an dieser Spitze oder an jenem Knick des Sterns"* und *„Ich will nach oben/ unten und ein wenig nach rechts/links".* Erst wenn Sie den Impuls zu dieser Bewegung spüren, blicken Sie auf das Blatt und malen weiter. Auf diese Weise malen Sie den ganzen Stern im Zwischenraum nach.

Bevor Sie nun weiter lesen, malen Sie den Stern mithilfe der obigen Anleitung ein zweites Mal. Und? Ging es besser? Beinahe alle Menschen schaffen die Aufgabe auf diese Weise wesentlich besser und schneller. Die Vorstellung oder ein Bild im Kopf hilft ungemein.

Und die Moral von der Geschicht'? Wenn es im Leben oder bei einer bestimmten Aufgabe nicht weiter geht, neigen wir dazu, es mit aller Gewalt weiter zu versuchen, mit der Brechstange und immer verkrampfter. Oft wird die Aufgabe schwerer, je angestrengter und verbissener wir versuchen, sie zu lösen. Dabei geht es viel einfacher, wenn wir einen Augenblick auf Distanz gehen und uns fragen *„Wo bin ich?"* und *„Wohin will ich?"*. Das gilt für große und kleine Aufgaben im Leben – und eben auch für die Auswahl des Lesestoffs.

> Werden Sie sich über Ihren momentanen Stand bewusst und über Ihr Ziel. Und dann geht es zielsicher weiter.

Mit klaren Zielvorstellung im Kopf lassen sich Lösungen leichter finden, Durchhänger besser überbrücken und Ziele schneller erreichen.

Schritt 2: Vorwissen (5 min)

Ohne Vorwissen ist Lesekompetenz nicht denkbar: Lesen Sie ein Buch in einer Sprache, der Sie nicht mächtig sind, oder aus einem Fachgebiet, von dem Sie nichts verstehen, können Sie das Buch auch nicht verstehen. Zum Textverständnis gehört also Vorwissen.

> Ziel des Lesens ist es, das Gelesene mit dem Vorwissen zu verknüpfen.

Große Teile unseres Wissens schlummern im Hintergrund: Sie sind zwar vorhanden, wir können aber nicht bewusst auf sie zugreifen. Die Mehrheit dessen, was wir wissen, haben wir nicht bewusst im Zugriff. Das lässt sich gut an unserem passiven Wortschatz veranschaulichen: Er enthält all jene

Wörter, die wir zwar verstehen, aber nicht selbst benutzen – weil wir nicht aktiv darauf zugreifen können.

Je öfter der passive Wortschatz angesprochen und aktiviert wird, desto mehr Wörter wechseln in unseren aktiven Wortschatz. Und das gilt nicht nur für Wörter:

> Je mehr wir unser nicht bewusstes Hintergrundwissen aktivieren, desto mehr wird bewusst abrufbar.

Stellen Sie sich vor, Sie wollen ein neues Handy kaufen. Bevor Sie den Laden betreten, verwenden Sie ein paar Minuten darauf, in Ihrem Kopf alles zu ordnen, was Sie schon über dieses Thema wissen. Ihnen fallen vielleicht diese Stichworte ein: Kamera, Auflösung, Speicherkarte, MMS, Kalender, UMTS, MP3, Vibrationsalarm, E-Mail-Client, … Wenn Sie nun in das Geschäft gehen, sind Sie besser vorbereitet, können besser mitreden, lassen sich nicht so leicht ein X für ein U vormachen, als wenn Sie das Geschäft unvorbereitet betreten würden. Und Sie werden sich das, was man Ihnen sagt, besser merken können.

Ähnlich ist es mit dem Vorwissen zu einem (noch ungelesenen) Buch: Wenn Sie es aktivieren, werden sich automatisch Ihr Textverständnis und Ihre Lesegeschwindigkeit erhöhen.

Ihr Vorwissen zu einem Buch können Sie auf verschiedene Weise aktivieren. Erstellen Sie beispielsweise eine Liste mit Stichwörtern, die Ihnen zum Thema des Buches einfallen, oder machen Sie ein Mindmap® dazu.

Außerdem empfehle ich Ihnen folgende Übung zur Aktivierung Ihres Vorwissens:

Aufgabe

Suchen Sie zu jeden Buchstaben des Alphabets ein Wort, das mit dem entsprechenden Buchstaben anfängt und für Sie zum Thema Ihres Buches gehört. Es geht hier nicht um „richtig" oder „falsch", sondern um das Aktivieren Ihrer eigenen Verbindungen und Assoziationen.

Wenn Ihr Thema Zeitmanagement ist, könnte die Liste so beginnen: *Arbeit – Beginnen – Cappuccino – Durchhaltevermögen – Einteilung – Fortschritt – Gelassenheit – Hetze – …*
Was Cappuccino mit Zeitmanagement zu tun hat? Nun, vielleicht nehmen Sie, wenn Sie so richtig in Stress geraten, einen tiefen Atemzug, trinken eine Tasse Cappuccino und gehen die Sache danach ruhiger und gelassener an.
Mit anderen Worten: Es gibt hier kein „richtig" und „falsch", kein „passt" oder „gehört hier nicht hin".

Alle Verbindungen und Assoziationen sind zugelassen und tun ihren Dienst: Sie aktivieren Ihr Vorwissen und bereiten Sie auf das Thema vor.

Sie brauchen nicht der alphabetischen Reihenfolge zu folgen, und wenn Ihnen zu einem Buchstaben nichts einfällt, überspringen Sie ihn einfach.
Diese Übung ist bestens geeignet, um Sie geistig fit und einfallsreich zu halten. Probieren Sie es aus: Wenn Sie in eine Sitzung oder zu einem Vortag gehen oder ein Fachgespräch haben, machen Sie vorher eine ABC-Liste und lassen Sie sich von der Wirkung überraschen.

Schritt 3: Überblick (4 min)

Verschaffen Sie sich nun einen inhaltlichen Überblick über das Buch. Lesen und beachten Sie dazu den Buchrücken, die Informationen über den Autor, den Seitenumfang, das Inhalts- und das Stichwortverzeichnis, die Überschriften, das Erscheinungsjahr und die Auflage.
Das Stichwortverzeichnis entpuppt sich dabei oft als Kurzzusammenfassung: Darin sehen Sie an der Anzahl der Seitenangaben hinter einem Stichwort, wie oft ein Wort in diesem Buch erwähnt wird.

Wenn Sie nur die Wörter im Stichwortverzeichnis lesen, die häufig vorkommen, bekommen Sie recht schnell ein Gefühl für Inhalt, Art und Richtung des Buches.

Machen Sie gleich den Test:

Im Folgenden sehen Sie eine Liste mit Wörtern, die in einem mir bekannten Buch am häufigsten vorkommen. Nehmen Sie ein Blatt Papier zur Hand und decken Sie diese Liste so ab, dass Sie nur noch das oberste Wort sehen. Rutschen Sie mit dem Blatt nun Zeile für Zeile bzw. Wort für Wort nach unten. Machen Sie nach jedem Wort kurz Halt und geben Sie einen Tipp ab, was das Thema des Buches sein könnte. Wie viele Wörter werden Sie lesen müssen, bis Sie wissen, worum es in dem Buch geht?

> Bienen
> Bohnen
> Brot
> Egge
> Energie
> Flachs
> Garten
> Gemüse
> Getreidelagerung
> Gewächshaus
> Hafer
> Hefe
> Heu
> Hirse
> Honig
> Hühner
> …

Nun, wie könnte dieses Buch heißen und worum geht es wohl darin?

Der Titel lautet: „Das neue Buch vom Leben auf dem Lande – Ein praktisches Handbuch für Realisten und Träumer" (Stuttgart 2004).

Neben dem Stichwortverzeichnis ist auch ein Verzeichnis erwähnter Personen sehr aufschlussreich. Sie werden nur ein paar Personennamen lesen müssen, um zu wissen, um was es sich in diesem Buch dreht. Lesen Sie z.B. diese Namen: Aristoteles; Darwin, Charles; Demokrit von Abdera; Descartes, René; Hegel, Georg Friedrich; Kant, Emanuel; Platon; … Sicher ahnen Sie es schon: Es handelt sich hierbei um einen Auszug aus dem Personenregister eines Werkes über Philosophie. Es heißt: „Sofies Welt – Roman über die Geschichte der Philosophie" (München 1993).

Schritt 4: Durchblättern, Zufallswörter (2 min)

Nachdem Sie Ihre Erwartungen an das Buch formuliert, Ihr Vorwissen aktiviert und sich einen Überblick verschafft haben, ist es nun an der Zeit, das Buch durchzublättern. Schauen Sie auf Überschriften, typografische Hervorhebungen wie Fett- und Kursivdruck, Aufzählungen, Grafiken und Fotos. Alternativ können Sie das Buch auch durchblättern und auf der einen oder anderen Seite je zwei, drei Wörter lesen. Dabei brauchen Sie nicht ganze Sätze oder gar Absätze zu lesen, denn dadurch beißt man sich meist fest.

Hier sollen Sie lediglich ein Gefühl für den Schreibstil des Autors bekommen.

Schritt 5: Schlussfolgerung (2 min)

Nun haben Sie einen umfassenden Einblick in das Buch bekommen und kennen es schon ziemlich gut. Im letzten Schritt können Sie für sich die folgenden Fragen beantworten und damit abschließend beurteilen, ob Sie das Buch wirklich lesen wollen:

◆ Erfüllt das Buch Ihre Erwartungen (die Sie ja oben schon aufgeschrieben hatten)?
◆ Wie lesen Sie das Buch? Wollen Sie es genießen und in aller Ruhe und genussvoll lesen oder kommt es Ihnen

darauf an, den Inhalt so schnell wie möglich zur Verfügung zu haben?

◆ Lesen Sie das Buch als Ganzes oder kommt es Ihnen nur auf bestimmte Kapitel an?

◆ Wollen Sie den Text zeilenweise lesen oder genügt Ihnen ein diagonales Überfliegen des Inhaltes?

5.2 Irrelevante Lektüre schnell abbrechen

Sagen Sie schneller „Nein" zu Lesestoff, der Ihre Ziele und Erwartungen nicht trifft!

„Wer A sagt, muss auch B sagen." Oder: *„Was man begonnen hat, bringt man auch zu Ende."* Gehören Sie zu den Menschen, die, wenn sie ein Buch einmal gekauft oder zu lesen begonnen haben, auch zu Ende lesen müssen, egal wie gut oder nützlich Sie es finden? Mein Rat lautet:

Wenn Sie schon *Geld* in ein schlechtes oder falsches Buch investiert haben, investieren Sie nicht auch noch die *Zeit*, um das Buch durchzulesen.

Wenn Sie ein Buch weglegen, das Ihren Erwartungen nicht entspricht, sparen Sie eine Menge Zeit, die Sie mit nützlicheren oder schöneren Dingen füllen können.

Seriöse Schätzungen gehen davon aus, dass zwischen 70 und 80 Prozent alles Geschriebenen, das Ihren Schreibtisch bzw. Computer erreicht, getrost in den Papierkorb wandern können. Doch viele Menschen scheuen vor diesem endgültigen Schritt zurück und pflegen lieber einen ständig wachsenden Stapel oder Ordner mit einem Namen wie „Sollte mal gelesen werden" oder „Wenn dann mal Zeit ist".

Bevor Sie in Zukunft etwas auf diesen Stapel legen, sollten Sie sich fragen, was schlimmstenfalls passieren kann, wenn Sie dieses Schriftstück wegwerfen oder löschen und sich später herausstellt, dass es doch wichtig oder brauchbar gewesen wäre. Wären die darin enthaltenen Informationen unwiederbringlich verloren oder könnten Sie schnell mal im

Internet nachsehen oder vielleicht einen Kollegen fragen? Wenn nichts Schlimmes zu erwarten ist, entsorgen Sie das Schriftstück einfach. Heben Sie ein Schriftstück nicht deshalb auf, weil es *vielleicht* mal interessant sein könnte.

Ziel ist nicht, so viele Informationen wie möglich zu sammeln, sondern so wenige Informationen wie nötig zu behalten.

Es fällt Ihnen noch immer nicht leicht? Dann richten Sie einen Zwischenpapierkorb ein: Lagern Sie Schriftstücke, die vermutlich in den Papierkorb wandern könnten, von denen Sie sich aber nicht trennen mögen, im Keller, auf dem Dachboden, in der hintersten Ecke Ihres Büros. Wenn Sie nach sechs Monaten noch immer nicht darauf zugreifen mussten, entsorgen Sie sie endgültig.

Diesen halbjährlichen Check sollten Sie auf alle Fälle machen – andernfalls haben Sie den Stapel ja lediglich in eine andere Ecke verbannt. Mit der Zeit werden Sie mutiger werden und immer häufiger die freundliche Hilfe des Papierkorbs in Anspruch nehmen, denn der Papierkorb kann ein guter Freund sein, wenn man seine Hilfe nur häufig genug in Anspruch nimmt.

5.3   Konzentration

Im Folgenden wollen wir uns nun damit befassen, wie Sie beim Lesen höchste Konzentration erreichen – und auch auf diesem Wege Ihre Leseeffizienz steigern.

Konzentration durch Interesse

Sie sind immer 100-prozentig konzentriert, die Frage ist nur, auf was.

Kennen Sie folgende Situation? Sie kämpfen sich durch ein dickes, langweiliges Buch, Seite für Seite. *„Was stand da noch mal in diesem Satz? Und in dem Satz davor? Habe ich das* überhaupt schon gelesen? Moment, was war denn auf der vorherigen Seite? Hm, und auf der Seite davor? Ach ja, ich erinnere mich dunkel …" Während Sie gelesen hatten, haben Sie im Geiste schon Ihren Koffer gepackt, denn Sie fahren ja über das Wochenende weg. Oder Sie haben über ein Geschenk für den Gastgeber nachgedacht, bei dem Sie morgen Abend eingeladen sind. Sie waren also sehr wohl konzentriert – allerdings nicht auf das Buch, sondern auf das Wochenende bzw. die Einladung.

Unsere Sinnesorgane können uns mithilfe von über 2,5 Millionen Nervenfasern eine unfassbar große Menge Daten liefern. Doch so viel soll und kann uns gar nicht bewusst werden. Aus diesem Grund gibt es in unserem Gehirn eine Art Filter, der entscheidet, welche Informationen er hereinlässt und welche draußen bleiben müssen. Wir können uns diesen Filter vorstellen wie einen Pförtner in einem großen Betrieb, der jeden Besucher fragt, wohin er will. Wenn er eine Antwort erhalten hat, ruft er an der betreffenden Stelle an und fragt nach, ob der Besuch erwartet oder erwünscht ist, damit er durchgelassen werden kann. Bei einem negativen Bescheid muss der Besucher draußen bleiben.

Deshalb ist es z.B. sehr schwer, Vokabeln durch reines Pauken und Büffeln zu lernen:

Beispiel

Da steht die Vokabel „fuscus" im Vokabelheft und muss auf Biegen und Brechen ins Gehirn. Sie klopft also, bildlich gesprochen, beim Pförtner an und sagt: *„Hallo, mein Name ist Fuscus, ich möchte bitte ins Sprachzentrum, ich bin nämlich eine lateinische Vokabel."*
Der Pförtner ruft im Sprachzentrum an und sagt zu seinem Kollegen: *„Moin, hier steht so eine lateinische Vokabel und will zu dir. Soll ich sie reinlassen?"* Wenn nun keine echtes Interesse besteht, wird der Pförtner ein „Nein" hören und die Vokabel muss draußen bleiben.
Würde diese Vokabel, wenn sie zum Pförtner kommt, sagen:
„Hallo mein Name ist Fuscus, wie ein Kuss auf dem Fuß und ich

heiße ‚dunkel' auf lateinisch. Stellen Sie sich vor, Sie küssen Ihrem Chef die Füße und die stinken so, dass es Ihnen ganz dunkel vor den Augen wird. Wo geht es bitte zum Sprachzentrum?", dann würde der Pförtner lachen, seinen Kollegen im Sprachzentrum anrufen und sagen: „Du, hier steht vielleicht eine verrückte Vokabel. Ich habe mich fast krank gelacht. Soll ich sie mal zu dir durchlassen?" Und schon wäre diese Vokabel gelernt.

Haben Sie die Geschichte mit dem Fußkuss mitgemacht? Dann werden auch Sie die Vokabel nicht so schnell vergessen können. Die Geschichte hat Ihr Interesse, Ihre Neugier und damit Ihre Konzentration geweckt – und dadurch war auch Ihre Merkfähigkeit optimal.

Wenn Sie ein Windows-Handbuch einfach mal so lesen, ist die Wahrscheinlichkeit groß, dass der unbewusste Pförtner in Ihrem Gehirn die gelesenen Informationen nicht durchlässt. Ihr Gehirn wird möglicherweise Däumchen drehen und sich Gedanken über wichtigere Dinge im Leben machen (Kofferpacken, Geschenkekaufen …).

Wollen Sie das Handbuch aber nicht aus der Hand legen und wirklich etwas daraus erfahren, sollten Sie das Interesse daran selbst erzeugen. Fragen Sie sich: *„Warum lese ich das?"* und *„Welchen Nutzen habe ich davon?"* Stellen Sie sich auch konkrete Fragen, z.B.: *„Wie kann ich die Bildschirmauflösung so einstellen, dass mein neuer Bildschirm die Zeichen optimal darstellt, das Flimmern am geringsten ist und ich ermüdungsfrei arbeiten kann? Kann meine Grafikkarte das überhaupt? Und wo kann ich das einstellen?"* Bildlich gesprochen bekommt jetzt Ihr Pförtner bei seiner Nachfrage gesagt: *„Klar, lass es durch, darauf habe ich ja schon gewartet."* Wenn Sie trockene neue Gesetzestexte lesen müssen, wecken Sie Ihr Interesse, indem Sie sich fragen: *„Was ist wohl an diesem Gesetz geändert worden? Was war denn schlecht? Was hätte ich verbessert? Wie sähe das Gesetz optimal aus?"* Wenn Sie den Text dann mit diesen Fragen im Hinterkopf lesen, haben Sie eine ganz andere Aufmerksamkeit, ein anderes Interesse. Sie haben Ihre Konzentration darauf gelenkt.

Konzentration durch Pausen

Wenn Sie konzentriert lesen oder arbeiten, sollten Sie Ihrem Gehirn die Möglichkeit geben, immer wieder mal kurz abzuschalten. Machen Sie alle 20 bis 25 Minuten eine kurze Pause. Eine Pause zu machen, heißt nicht unbedingt Müßiggang, sondern bedeutet, dass Sie Ihre Lektüre einfach mit etwas anderem unterbrechen sollten, am besten mit Bewegung. Als kurze Pause kommt z.B. der Gang zum Kopierer oder das Ausleeren des Papierkorbs in Frage. Dafür genügen schon zwei Minuten. Jede zweite Pause sollte aber länger sein und ca. zehn bis 15 Minuten dauern.

Konzentration durch Ihre Leistungs- und Störkurve

Wenn Sie konzentriert lesen oder arbeiten müssen, sollten Sie das in Ihrer „Powerzeit" machen. Sind Sie ein Morgen- oder eher ein Abendmensch?
Jeder Mensch hat bestimmte individuelle Tageszeiten, an denen er am leistungsfähigsten ist. Nutzen Sie diese Zeit für gute Leistungen und Konzentration. Die Leistungskurve der meisten Menschen sieht etwa so aus:

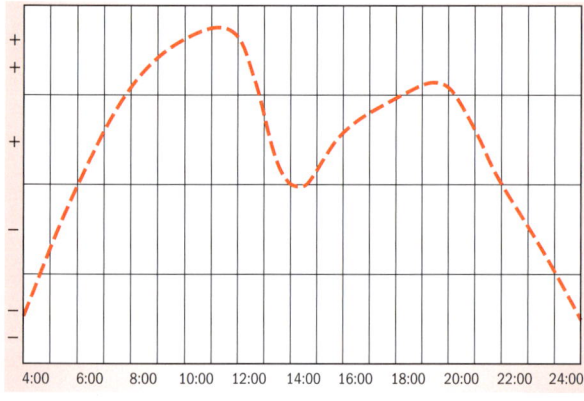

Wie die Grafik zeigt, fällt es den meisten Menschen beispielsweise nach dem Mittagessen schwer, sich zu konzentrieren. Diese Zeit sollten Sie also nach Möglichkeit eher für Dinge nutzen, die keine besonders hohe Konzentration erfordern.

Ihre Tagesplanung sollten Sie zudem danach richten, wann Sie vermehrt mit Störungen rechnen müssen. Haben Sie schon einmal darauf geachtet, wie oft Sie während eines Arbeitstages gestört werden – sei es von Kunden, Kollegen, dem Chef oder Telefonaten? Führen Sie doch einmal Buch darüber: Meist wird man häufiger gestört, als man annimmt. Im Durchschnitt verläuft die Tagesstörkurve folgendermaßen:

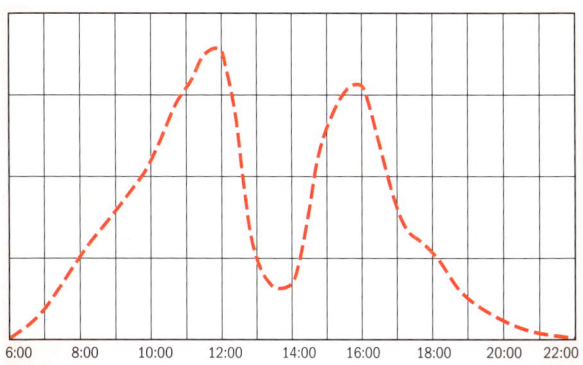

Nach jeder Störung, und wenn es nur fünf Sekunden waren, brauchen Sie eine gewisse Anlaufzeit, bis Sie wieder die höchste Konzentration erreicht haben.

In der nächsten Grafik sehen Sie den so genannten Sägezahneffekt: Ihre Konzentration baut sich eine gewisse Zeit lang auf, bis sie ihren Höhepunk erreicht hat. Werden Sie dann gestört, sinkt die Konzentration gegen Null. Nach der Unterbrechung kann sich die Konzentration wieder langsam aufbauen, bis zur nächsten Störung.

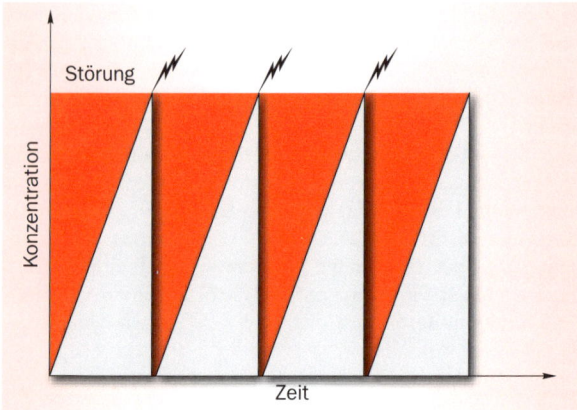

Böse Zungen behaupten, dass Manager 15 Minuten brauchen, um bei ihrer verantwortungsvollen Arbeit volle Konzentration zu erreichen, aber durchschnittlich alle zehn Minuten gestört werden …

Achten Sie also also bei der Planung Ihres Arbeitspensums auf die Störkurve bzw. auf störungsarme Zeiten. Sie liegen meist früh am Vormittag, mittags zwischen 12 und 14 Uhr und wieder gegen Feierabend.

Konzentration durch eine optimale Umgebung

Eine optimale Umgebung fördert Ihre Konzentration. Lesen Sie mehr dazu in Kapitel 7.1 („Äußere Einflüsse").

5.4 Perfektionismus

Der Anspruch, alles richtig und korrekt zu lesen, ist bei vielen von uns fest einprogrammiert. In der Grundschule mussten wir, wenn wir falsch vorgelesen haben, wieder zum falsch gelesenen Wort zurückkehren und es so lange wiederholen, bis es richtig war. Für das Verständnis hat das zwar oft keinen Zugewinn gebracht, aber richtig gelesen musste es trotzdem werden. Diese Einstellung mag für Grundschüler gut und richtig sein, doch viele Menschen behalten sie auch im Erwachsenenalter bei und sie kostet eine Menge Lesezeit. Wir lesen doch, um zu verstehen, und nicht, um korrekt zu sein.

Natürlich muss man hier wie auch bei der Anwendung aller anderen Schnelllesetechniken unterscheiden, um welche Textart es sich handelt. Einen (Ehe-, Scheidungs- oder Immobilien-)Vertrag sollten Sie natürlich perfekt lesen, und das nicht nur einmal. Hier kann eine kleine Ungenauigkeit tausende Euro kosten.

Auch Ihr Leseziel ist von Bedeutung bei der Entscheidung, wie „perfekt" Sie einen Text lesen: Lesen Sie einen Fachtext, um mitreden zu können? Lesen Sie ihn, um einen Vortag darüber zu halten? Oder werden Sie eine Prüfung über den Inhalt bestehen müssen?

> Fragen Sie sich, bevor Sie eine Text lesen, wie perfekt sie ihn lesen wollen oder besser: lesen müssen. Handeln Sie nach dem Grundsatz: So gut wie nötig, nicht so gut wie möglich.

Denken Sie dabei an das Pareto- oder 80:20-Prinzip: Vilfredo Pareto (1848–1923), ein italienischer Soziologe und Ökonom, fand heraus, dass dieses Zahlenverhältnis besonders in der Arbeitswelt sehr häufig erscheint:

- Beispielsweise generieren viele Unternehmen mit 20 Prozent ihrer Produkte 80 Prozent des Umsatzes.
- Oder 20 Prozent der Kunden machen 80 Prozent des Umsatzes.
- 20 Prozent der Produktfehler sind für 80 Prozent des Supportaufwands verantwortlich.
- Oder mit 20 Prozent Ihrer Arbeit erzielen Sie 80 Prozent Anteil am Wert zur Erfüllung Ihrer Funktion.

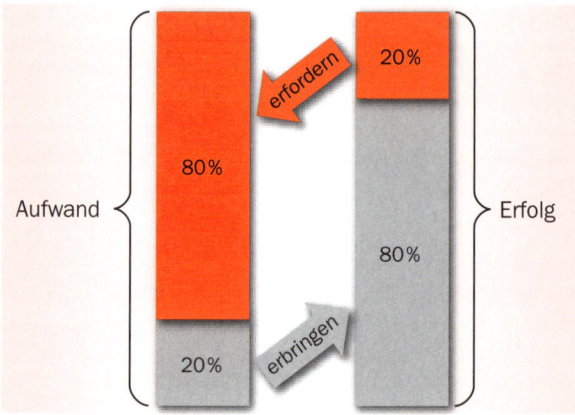

Aufwand { 80% 20% } Erfolg

erfordern

erbringen

80%

20%

Beispiel

Bei Herrn Hempel zu Hause ist es sehr unordentlich, sogar richtig chaotisch. Überall liegen Dinge unaufgeräumt auf dem Boden, seit Monaten ist nichts mehr weggeräumt und nicht mehr sauber gemacht worden. Nun kündigt die Mutter für den nächsten Tag ihren Besuch an und es muss schnell Ordnung geschaffen werden. Mit welchen Arbeiten würden Sie in dieser Situation beginnen? Welche würden Sie erst gar nicht angehen? Wahrscheinlich würden Sie saugen oder kehren, aber nicht wischen. Das Wohnzimmer und die Küche frei zu räumen ist wichtig, Schlafzimmer und Keller können im Zweifelsfall erst mal bleiben, wie sie sind. Wahrscheinlich würden Sie die Küchenarbeitsfläche abwischen, nicht aber die Regalböden in den Küchenschränken. Mit dem fingerförmigen Staubwedel die Lamellen der Jalousie abstauben? Das hat Zeit.

Sie sehen: Mit 20 Prozent aller Tätigkeiten, mit denen man ein Haus oder eine Wohnung in Ordnung bringt, kann man 80 Prozent eines ordentlichen Eindrucks erreichen.

Der Umkehrschluss des Pareto-Prinzips ist fast noch wichtiger: Um die restlichen 20 Prozent der Effektivität zu erreichen, muss ich weitere 80 Prozent Aufwand betreiben. Je perfekter ich etwas erledigen will, desto mehr Mühe und

Zeit muss ich für jedes weitere Prozent aufwenden. Stellen Sie sich vor, Ihr Auto erreicht mit 250 PS eine Geschwindigkeit von 250 km/h und Sie möchten, dass es noch 10 km/h schneller fährt. Um das zu erreichen, genügt es nicht, den Motor 10 PS stärker zu machen. Wahrscheinlich müssen für diese zusätzliche Leistung 50 oder mehr PS hinzukommen. Jedes Prozent, das Sie perfekter sein wollen, kostet Sie mehrere Prozent an Aufwand.

Fragen Sie sich also auch beim Lesen, mit welchem Ziel und damit wie perfekt Sie ein Schriftstück lesen, wie viel Aufwand Sie investieren möchten.

Führen Sie sich folgenden Vergleich vor Augen: Wenn Sie einen Text in einer Fremdsprache lesen, die Sie nicht zu 100 Prozent beherrschen, werden Sie vermutlich wie die meisten Menschen nicht jedes Wort, das Sie nicht kennen oder verstehen, nachschlagen. Es genügt in der Regel, den Text zu verstehen; eine 80-Prozent-Lösung ist dann meist ausreichend. Machen Sie sich diese Einstellung auch für Texte in Ihrer Muttersprache zu eigen!
In einem Seminar berichtete eine Teilnehmerin, sie lese eine Zeitung, die sie schnell und gründlich lesen wolle, auf dem Kopf, also verkehrt herum. Wir grübelten eine Weile, wie das wohl kommt, bis wir Folgendes herausfanden: Sie ist früher täglich mit der S-Bahn zur Arbeit gependelt. Dabei setzten sich in der Bahn viele Menschen jeden Tag an den gleichen Platz. Die Seminarteilnehmerin saß jahrelang meist einem Mann gegenüber, der Zeitung las. Die Zeitung hielt er dabei nicht senkrecht, sondern er legte sie waagerecht auf seine Knie. Die Kursteilnehmerin musste also, wenn sie etwas von der Welt erfahren wollte, die Buchstaben der Zeitung auf dem Kopf stehend lesen. Dabei hat sie sich automatisch eine Technik angewöhnt, mit der sie schnell die wesentlichen Inhalte der Texte erfassen konnte, ohne alles Wort für Wort lesen zu müssen. Schließlich stand sie ein wenig unter Druck, denn sie wusste nicht, wann das Gegenüber das nächste Mal umblättern würde. Heute sagt sie: „*Wenn*

ich eine Zeitung richtig herum lese, habe ich das Bedürfnis, alles zu lesen, und ich verliere mich in Einzelheiten. Auf dem Kopf stehend lese ich doppelt und dreimal so schnell."

5.5 Mut zur Lücke

Seien Sie fehlertolerant, Ihr Gehirn wird es schon richten, denn viele Fehler, die wir beim Lesen machen, werden nachträglich im Gehirn automatisch korrigiert. Stellen Sie sich vor, Ihr Gehirn meldet Ihnen, während Sie gerade lesen, eine Zeile oberhalb habe soeben „das Tisch" gestanden. *„Das ist ein Fehler,"* heißt die Meldung, *„es muss ‚der Tisch' heißen. Geh noch einmal mit dem Blick nach oben und schau nach, was da wirklich los ist."* Und schon wandern die Augen zurück und suchen die fragliche Stelle. Und dann gibt es zwei Möglichkeiten:

◆ Ja, stimmt, da stand wirklich „das Tisch". Das ist ein Druckfehler. Wer das wohl Korrektur gelesen hat?
◆ Nein, ich muss mich geirrt haben, da steht doch ganz richtig „der Tisch".

Für Ihr Textverständnis ist das aber gleichgültig. Für Sie macht es keinen Unterschied.
Denken Sie noch einmal an den Text mit den Buchstabendrehern in Kapitel 3.3: Sie konnten den Text beinahe flüssig lesen, die Fehler haben Sie kaum gestört.

Vertrauen Sie also auf Ihre Fähigkeiten, haben Sie Mut zur Lücke, Ihr Gehirn wird sie schon schließen.

5.6 Auf den (Lese-)Stil kommt es an

Wie würden Sie Ihren Fahrstil beschreiben, wenn Sie einen Porsche Cabrio besäßen? Ich glaube, das hängt von den Umständen ab: Um Sonntagmorgens bei Sonnenschein, trockener Fahrbahn und freier Straße auf einer freien dreispurigen Autobahn von A nach B zu kommen, würden Sie bestimmt anders fahren, als an einem warmen und sonnigen Sommersonntag mit offenem Verdeck und Ihrem Partner / Ihrer Partnerin auf dem Beifahrersitz durch das Rheintal an der Loreley vorbei.

> Genauso, wie Sie Ihren Fahrstil der Situation anpassen, sollten Sie auch Ihre Lesegeschwindigkeit Ihrem Lesestil und Ihrem Ziel anpassen.

Wenn Sie die Spannung eines Krimis mögen, nicht aber die darin enthaltenen Landschaftsbeschreibungen, dann überfliegen Sie doch diese Beschreibungen zügig und genießen Sie die Morde dann im Schneckengang.

5.7   Lesehilfen

Über Lesehilfen wie z.B. den Finger oder einen Stift, der zusammen mit dem Blick die Zeile entlangfährt, hört man verschiedene Meinungen. Es gibt Trainer, die davon abraten, weil diese Bewegung zusätzliche Koordination und Aufmerksamkeit erfordere und dadurch die Geschwindigkeit bremse. Andere Seminarleiter sind Verfechter von solchen Lesehilfen und sehen darin eher eine Entlastung des Auges bei der Blickführung, die es dem Leser ermöglicht, sich stärker auf den Inhalt zu konzentrieren.

Wie verblüffend gut sich ein Auge führen lässt, können Sie in einem Selbstversuch erfahren.

Aufgabe

Für diese Übung brauchen Sie wieder einen Partner. Setzen Sie sich dieser Person gegenüber, sodass Sie ihr in die Augen sehen können, und geben Sie ihr die folgenden Anweisungen:

- ◆ Stelle dir bitte einen Kreis vor, der die Größe eines Lenkrades hat.
- ◆ Du siehst diesen Kreis ca. 70 cm bzw. eine Armlänge vor dir.
- ◆ Nun lass die Augen entlang dieses Kreises wandern und beschreibe so eine kreisförmige Bewegung mit den Augen.

Während Ihr Gegenüber nun die Augen „kreisen" lässt, beobachten Sie bitte die Bewegung der Augen. Beschreiben diese wirklich einen Kreis?

Wenn Sie die Übung gerade gemacht haben, werden Sie erstaunt sein: In den Augenbewegungen Ihrer Versuchsperson haben Sie wahrscheinlich alle möglichen geometrische Formen erkennen können, aber meist keine gleichförmige, runde Bewegung.

Nun machen Sie die gleiche Übung noch einmal: Dieses Mal zeichnen Sie aber den vorgestellten Kreis für Ihr Gegenüber mit dem Finger in die Luft. Ihr Partner braucht Ihrem Finger nun nur noch mit den Augen zu folgen. Beobachten Sie wieder die Augenbewegung Ihres Gegenübers. Es ist erstaunlich, wie ruhig und kreisrund sich nun die Augen bewegen, denn sie werden ja geführt.

Ein Teil der Lesezeit und Ihrer Aufmerksamkeit wird für die Koordination der Augen bzw. das Auffinden der nächsten Wörter und des nächsten Zeilenanfangs benutzt. Ein Stift könnte Sie also entlasten und den Leseprozess beschleunigen. Machen Sie sich selbst ein Bild, testen Sie und entscheiden Sie dann. Ich selber benutze bei schweren Texten gerne einen Stift.

Stift und Zeiger

Mit einem Stift oder einem Stöckchen (ich benutze ein zugespitztes chinesisches Essstäbchen) fahren Sie gleichmäßig unterhalb der Zeile entlang, die Sie gerade lesen. Dabei soll der Stift bzw. das Stöckchen das Auge führen und nicht umgekehrt. Sie müssen diese Lesehilfe nicht vom Anfang der Zeile bis zum Ende führen, es reicht ein Teil der Zeile, wie Sie es am Pfeil unterhalb des nächsten Satzes sehen können:

Beispiel

Ad summa pervenit, qui scit, quo gaudeat, qui felicitatem suam

Das Lesen mit dem Stift lässt sich auch gut bei der Übung mit dem zeilenweisen Lesen mit dem Metronom anwenden. Der Rhythmus, mit dem die Lesehilfe Zeile für Zeile bewegt wird, bringt Gleichmäßigkeit, Sicherheit und Kontinuität und damit Geschwindigkeit in den Leseprozess.
Da der Stift Ihr Auge immer vorwärts führt, lässt sich die Regression dadurch stark einschränken.

Karte

Statt mit einem Stift können Sie auch mit einer Karte lesen. In punkto Festigkeit und Größe ist eine Postkarte ideal. Nehmen Sie also eine Karte und schieben Sie diese als Lesehilfe Zeile für Zeile nach unten. Normalerweise setzen Sie die Karte unterhalb der zu lesenden Zeile an und lesen so am oberen Rand der Karte.

Es ist jedoch sinnvoller, die Karte oberhalb der Zeile zu positionieren, sodass Sie die bereits gelesenen Zeile mit ihr verdecken.

Sie verhindern so, dass Sie an eine obere Stelle im Text zurückspringen. Gewöhnen Sie sich dann an einen Rhythmus, mit dem Sie die Karte vorwärts schieben.
Ich treffe immer wieder ehemalige Teilnehmer aus meinen Leseseminaren, die diese Technik aus dem Seminar beibehalten haben und erfolgreich einsetzen.

6 Lesestoff verarbeiten

Aufnehmen, merken und zusammenfassen

6.1 Inhalte behalten

Die von dem Psychologen Hermann Ebbinghaus entwickelte Vergessenskurve zeigt, in welch kurzer Zeit wir wie viel Neugelerntes vergessen. Seine Untersuchungen legen nahe, dass wir bereits 20 Minuten nach der Lektüre 40 Prozent des Gelesenen nicht mehr parat haben. Nach einer Stunde sind nur noch 45 Prozent, nach einem Tag gar nur noch 34 Prozent des Gelernten bzw. Gelesenen im Gedächtnis; dauerhaft bleiben nur 15 Prozent gespeichert (Ebbinghaus 1885). Dagegen können Sie aber einiges tun.

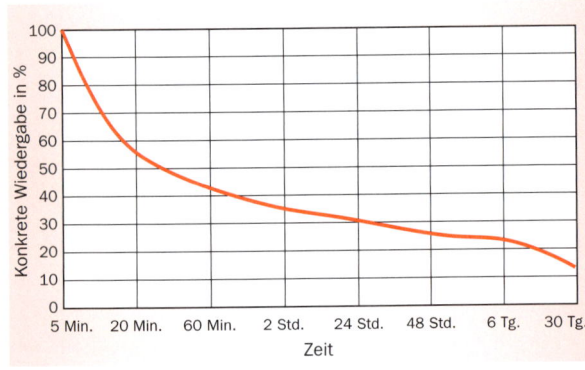

In Spiralen lesen

Sie können nur Dinge behalten, die Sie zu bereits vorhandenem Wissen in Beziehung setzen können. Ein fünfjähriges Kind, dem Sie etwas über die Wahl des Bundeskanzlers erzählen, wird wenig davon begreifen. Bringen Sie dem Kind vorher aber Stück für Stück bei, was ein Parlament, was eine Wahl, was Deutschland und was ein Chef ist, dann wird es doch einiges verstehen und es sich leicht merken können.

Das Gehirn braucht für neue Informationen eine Zuordnungsmöglichkeit in übergeordneten Strukturen.

Einzelinformationen ohne Bezug verwirren und sind nur schwer zu lernen. Bevor Sie etwas über die spezielle Wirkung bestimmter Hormone lernen, müssen Sie wissen, was Hormone eigentlich sind. Bevor Sie lernen, was Hormone sind, müssen Sie etwas über den Blutkreislauf und Stoffwechsel wissen und davor etwas über Lebewesen allgemein.

Wenn Sie sich ein neues Wissensgebiet lesend erschließen wollen, empfiehlt sich das Lesen in Spiralen:

◆ Schauen Sie erst grob über den Lesestoff und orientieren Sie sich.

◆ Dann gehen Sie nochmals über den Text. Sehen Sie kurz alles an, was Ihnen interessant erscheint, ohne sich irgendwo zu vertiefen und hängen zu bleiben. Schaffen Sie sich dadurch eine grobe Struktur im Kopf.

◆ In der nächsten Leserunde kommen dann weitere Feinheiten dazu.

Für das Lesen eines Buches bedeutet das:

◆ Lesen Sie erst den Buchrücken, den Bucheinband, Auflage, Erscheinungsjahr usw.

◆ Nun arbeiten Sie die Hauptüberschriften des Inhaltsverzeichnisses durch und dann erst das ganze Verzeichnis.

◆ Im nächsten Schritt schauen Sie sich die Register (Stichwortverzeichnis, Literatur- und Personenregister) an.

◆ Erst jetzt gehen Sie an den Text: Blättern Sie darin herum, ohne sich an einzelnen Stellen zu vertiefen. Lesen Sie typografisch Auffälliges (Fettdruck, Kursives, Aufzählungen), vielleicht auch den ersten Satz verschiedener Kapitel. Nun haben Sie ein Inhaltsgerüst, das Sie beim Lesen nach und nach vervollständigen können.

Sie lesen also den gleichen Inhalt immer wieder, wie im Kreis, Sie lesen bzw. lernen aber jedes Mal auf einer höheren Stufe hinzu, wie in Spiralen.

Viele Menschen machen den Fehler, dass sie sich ein Fachgebiet nach dem anderen einzeln, gründlich und perfekt durch spezialisierte Fachbücher aneignen wollen. Nicht selten verzweifeln sie dann schon beim ersten Thema, denn die unzusammenhängenden Details und Einzelheiten wollen einfach nicht ohne Überblick und Struktur im Kopf bleiben.

Vor und nach dem Lesen

Die Annahme, Lernen sei ein passiver Vorgang, ist weit verbreitet. Wer ihr erliegt, konsumiert den Lernstoff passiv, indem er liest, sieht, hört oder paukt.

> Wenn Sie unter Lernen eine *Aktivität* des Gehirns verstehen und sich aktiv mit den Inhalten befassen, werden Sie mit gleichem Zeitaufwand wesentlich effektiver lernen.

Es kommt auf die Verarbeitungstiefe an.
Passive und oberflächliche Lernmethoden sind:

◆ Lesen,
◆ Anhören,
◆ Anschauen,
◆ herkömmliches Lernen.

Eine tiefe Verarbeitung erreichen Sie, indem Sie …
◆ Fragen zum Text entwerfen,
◆ das Gelesene in Bezug zu Alltagserfahrungen setzen,
◆ sich Notizen machen,
◆ das Gelesene mit anderen Texten vergleichen,
◆ anderen vom Gelesenen berichten und es erklären,
◆ das Gelesene zusammenfassen,
◆ Gegenargumente entwickeln.

Beschäftigen Sie sich deshalb vor und nach dem Lesen aktiv mit dem Inhalt.

Vor dem Lesen

Welche entscheidenden Weichen Sie bereits vor dem Lesen stellen können, möchte ich Ihnen an einem Versuch zeigen, den ich in meinen Seminaren durchführe:

Test

In diesem Test (vgl. Spitzer 2006) werden den Teilnehmern über einen Projektor oder Beamer nacheinander 25 Wörter für je eine Sekunde gezeigt. Diese Wörter sind entweder vollständig in GROSSBUCHSTABEN geschrieben oder vollständig in kleinen Buchstaben – unabhängig davon, ob es sich um Substantive oder Verben handelt.

Die Teilnehmer werden in drei Teams aufgeteilt und dann nacheinander dem Test unterzogen. Ihre Aufgabe besteht darin, die gezeigten Wörter in zwei Gruppen einzuteilen und zu zählen:

◆ Team A soll nach dem Test die Frage beantworten können, wie viele Wörter in Großbuchstaben und wie viele in Kleinbuchstaben geschrieben sind.

◆ Team B soll zählen, wie viele Substantive und wie viele Verben gezeigt wurden.

◆ Team C hat die Aufgabe zu zählen, wie viele Wörter etwas Belebtes und wie viele etwas Unbelebtes darstellen.

Während des Tests dürfen sich die Teilnehmer Notizen machen bzw. Strichlisten führen.

Nach dem Test werden die einzelnen Teams mit der Bitte überrascht, alle Wörter aufzuschreiben, an die sie sich noch erinnern können – die Anzahl der gezeigten Wörter ist nicht mehr interessant. Dabei stellt sich heraus, dass die Menge der memorisierten Wörter von Team zu Team variiert: Die Personen aus Team A können sich durchschnittlich an drei, die Personen aus Team B an sechs und die Personen aus Team C an zehn Wörter erinnern.

Das Ergebnis verblüfft eigentlich niemanden, sollte aber doch wichtige Konsequenzen für den Lernenden haben. Schließlich haben alle Testteilnehmer die Wörter gleich lang gesehen bzw. gleich lang „gelernt". Dennoch unterschied sich der (Lern-)Erfolg um bis zu 200 Prozent. Und das nur, weil der Fokus der Teilnehmer vor der Übung durch geringfügige Vorgaben verschieden ausgerichtet wurde.

Daraus folgt, dass man Lernstoff, den man lediglich z.B. durch Lesen konsumiert, schlecht behält. Je mehr aktive Denkprozesse beteiligt sind bzw. je größer die Verarbeitungstiefe ist, desto erfolgreicher lernen Sie.

> Statt einen Text in 45 Minuten zu lesen, machen Sie sich vor dem Lesen lieber fünf Minuten lang Gedanken über den Inhalt, lesen Sie dann 35 Minuten lang und machen Sie sich anschließend wieder fünf Minuten lang Gedanken zur Nachbereitung.

Auf diese Weise werden Sie bei gleichem Zeitaufwand erfolgreicher lernen – Lernen beginnt also schon vor der Stoffaufnahme.

Wenn Sie beispielsweise eine neue Gesetzesänderung lesen müssen, sollten Sie nicht einfach drauf los lesen. Beschäftigen Sie lieber sich erst einmal mit dem Inhalt und fragen Sie sich zum Beispiel:

◆ Wie waren die Bestimmungen bisher geregelt?
◆ War das Gesetz gerecht und gut?
◆ Wie würde ich das Gesetz ändern?
◆ Welche Auswirkungen hat die Änderung auf mich, meine Arbeit, auf meine Kunden?

Nun werden Sie den Text mit einem anderen Fokus und mit mehr Aufmerksamkeit lesen.

Nach dem Lesen

Am „Gehirneingang" sitzt ein Filter, der bevorzugt das hereinlässt, was mit Erlebtem und Gewusstem in Zusammenhang gebracht werden kann. Je mehr solcher Zusammenhänge und Assoziationen vorhanden sind, desto leichter findet der Lernstoff Eingang in das Gehirn. Führen Sie sich daher immer Ihre Assoziationen, Erfahrungen und Erinnerungen zu dem Lernstoff vor Augen.

Bereiten Sie Ihre Lesezeit auch nach und stellen Sie sich beispielsweise folgende Fragen:

- Welchen Standpunkt bezieht der Autor und was ist seine Absicht? Will er mich informieren, überzeugen, zum Nachdenken anregen?
- Worin besteht der wesentliche Kern der Aussagen?
- Mit welchen Argumenten begründet der Autor seine Aussagen? Begründet er sie überhaupt?
- Welchen Anschauungen widerspricht der Autor?
- Zu welchen Vorkenntnissen kann ich das Gelesene in Beziehung setzen?
- Wodurch unterscheidet sich das Gelesene von dem, was ich schon weiß?

Visualisierungen

Das Gehirn merkt sich viele Dinge am schnellsten und effektivsten in Bildern. Welche Farbe hat das Auto Ihres Nachbarn oder Kollegen? Das haben Sie wahrscheinlich nicht als reine Sachinformation abgespeichert – sie müssen gedanklich „nachschauen", denn Sie haben das Bild des Wagens im Gedächtnis und damit vor sich. Für Bruchteile einer Sekunde erscheint das Bild des Autos vor Ihrem inneren Auge und schon haben Sie die Farbe erkannt.

Sie wollen jemandem einen interessanten Artikel aus einer Zeitschrift zeigen. Auf welcher Seite war er bloß? Sie erinnern sich: Er stand auf einer rechten Seite ganz unten und darüber war eine Anzeige mit viel Rot. Sie blättern schnell die Zeitschrift durch, finden die auffällige Anzeige und den Artikel darunter.

Das bildliche Gedächtnis funktioniert also hervorragend – nutzen Sie es.

Versehen Sie Ihren Lernstoff mit Bildern und Zeichen, malen Sie an oder aus, entwerfen Sie Grafiken und Ablaufpläne.

Für Medizinstudenten gibt es bereits Malbücher, denn malend lernt es sich leichter. Gestalten Sie Ihre Aufzeichnungen bunt und verspielt.

Seien Sie dabei kreativ, einfallsreich und ein wenig verrückt. Erzeugen Sie auch kuriose, groteske und merkwürdige Bilder in Ihrem Kopf. Solche Bilder behalten Sie besonders gut im Gedächtnis. Wenn Sie durch eine belebte Fußgängerzone bummeln, merken Sie sich kaum ein Gesicht. An den Nackten aber, der einen Handstand gemacht hat, werden Sie sich noch lange erinnern. Das war komisch, außergewöhnlich, im wahrsten Sinne des Wortes merk-würdig.

Wiederholungen

Wiederholungen sind für das Merken ein wichtiges Hilfsmittel. Das Gehirn weiß: Was mir immer und immer wieder erscheint, muss einfach wichtig sein.

> Je öfter Sie etwas wiederholen, desto besser und länger können Sie bewusst darauf zurückgreifen.

Besonders wichtig sind Wiederholungen bei Lernstoff, der nicht logisch, sinnvoll oder durch Fragen zu vertiefen ist, wie bei Umsatzzahlen, Namen, Vokabeln und Fremdwörtern. Nach jeder Wiederholung können Sie sich den Stoff länger merken. Deshalb sollten die Abstände zwischen den Wiederholungen immer länger werden. Wiederholen Sie Ihren Lernstoff am besten

- ◆ zunächst am gleichen Tag (frühestens nach 20 Minuten, der Länge des Kurzzeitgedächtnisses),
- ◆ dann wieder am nächsten Tag,
- ◆ dann nach drei Tagen,
- ◆ nach neun Tagen,
- ◆ nach 27 Tagen und
- ◆ nach 81 Tagen.

Sie haben auch ein besseres Textverständnis, wenn Sie einen Text innerhalb einer bestimmten Zeit zwei- oder dreimal lesen, als wenn Sie ihn im gleichen Zeitraum nur einmal lesen. Bei jedem Lesedurchgang verstehen und behalten Sie den Inhalt besser.

6.2 Texte zusammenfassen

Um sich das Gelesene einzuprägen, sind Zusammenfassungen hilfreich. Dabei können Sie beispielsweise nach der Regel „Ein Wort pro Absatz bzw. pro Seite" verfahren: Ein Absatz repräsentiert in der Regel einen Sinnzusammenhang. Wollen Sie eine Zusammenfassung eines wenige Seiten umfassenden Textes machen, schreiben Sie zu jedem Absatz das wichtigste Wort oder die wichtigste Aussage an den Rand. Dadurch bekommen Sie meist eine sehr knappe Zusammenfassung des Textes.
Lesen Sie viele Seiten oder ein ganzes Buch, so notieren Sie nur zu jeder Seite das wichtigste Wort oder die wichtigste Aussage.

Auch Markierungen im Text können Ihnen dabei helfen, Inhalte zusammenzufassen. Wenn Sie mit Textmarkern arbeiten, gehen Sie sparsam damit um. Die markierten Stellen sollten nie einen zweistelligen Prozentsatz des gesamten Textes erreichen.
Ein Nachteil von Markierungen ist, dass die markierten Stellen nichts über die Struktur, den Inhalt und den Grund der Markierung aussagt. Meistens liest man dann doch den Satz davor und den danach und blättert zum Kapitelanfang, um den unterstrichenen Text sinnvoll einsortieren zu können. Wenn Sie dennoch ein Freund von Markern sind, probieren Sie es doch mit Symbolen wie den Folgenden, die Sie zusätzlich an den Seitenrand malen.

Markierungen			
!	Wichtig	✂	Ausschneiden
!!	Sehr wichtig	✗	Falsch
?	Fragwürdig	i	Nachschlagen
ᔐ	Lesen	→←	Widerspruch
▤	Kopieren		

7 Umfeld des Lesens

7.1 Äußere Einflüsse

Wo gute und beste Leistungen erbracht werden sollen, müssen bewährte Strategien und optimale Methoden eingesetzt werden. Das gilt nicht nur für den Sport, sondern auch für unsere geistigen Fähigkeiten und das Lesen.

Schauen wir uns ein Beispiel an. Um optimal Nordic Walking zu machen, sorgen wir für beste äußere Umstände: Die Kleidung muss atmungsaktiv und warm sein, darf aber auch nicht zu warm sein. Sie muss Schweiß nach außen transportieren können und darf nicht flattern. Die Schuhe sollen festen Halt bieten, müssen leicht sein und die Gelenke schonen. Am besten sollte man zwei verschiedene Paare besitzen, um je nach Beschaffenheit des Untergrunds wählen zu können. Die Stöcke dürfen wegen der guten inneren Stabilität nicht höhenverstellbar und nicht aus Aluminium sein, denn das ist zu hart für die Gelenke und federt zu wenig. Sie sollten aus Carbon sein.

Wenn wir außerdem in einer schönen Gegend oder auf einem guten Parcours laufen, sind wir motivierter und leistungsbereiter. Auch die Vorbereitung darf nicht fehlen: Wir machen Dehnübungen und wärmen uns auf, laufen uns erst einmal langsam ein.

Immer wenn wir etwas richtig gut, mit Freude oder leistungsorientiert tun, wenn wir persönliche Spitzenleistungen erbringen wollen, sorgen wir für optimale Bedingungen, bestes Equipment, gute äußere Einflüsse.

Beim Lesen ist das oft nicht so: Meist setzen wir uns einfach dahin, wo wir gerade sind, und legen los, und wenn es auf der Toilette ist. Das sollten Sie ändern!

> Sorgen Sie gerade beim Lesen für gute Bedingungen und eine optimale „Ausrüstung", das hilft ungemein.

Worauf es dabei ankommt, erfahren Sie im Folgenden.

Licht

Sorgen Sie für eine gute und angenehme Beleuchtung. Das Lesen im Dunkeln oder unter der Bettdecke ist zwar nicht schädlich, wie man den Kindern so häufig gesagt hat, aber es strengt an und schwächt die Konzentration. Beleuchten Sie Ihr Buch gut und schattenfrei. Den Effekt können Sie gleich ausprobieren:

Aufgabe

Lesen Sie jetzt gleich weiter, aber bei abgedunkeltem Licht, bei gemütlicher, romantischer Beleuchtung. Sind Sie jetzt in solchen Lichtverhältnissen? Dann lesen Sie einfach weiter. Mit diesem Satz haben Sie kein Problem, es geht ganz einfach, oder? Wie geht es aber mit dem folgenden Absatz?

Jetzt wird es schon richtig schwer. Menschen im besten Alter (50+) können diese Zeilen unter solchen Umständen erst gar nicht lesen. Vielleicht kennen Sie diese Situation aus dem Supermarkt: Die Zutatenliste auf den Lebensmitteln ist oft so klein gedruckt, dass sie unter schlechten Lichtverhältnissen kaum lesbar ist (wohinter möglicherweise Berechnung steht).

Wenn Sie dagegen den gerade gelesenen kleingedruckten Absatz im Sonnenlicht, unter einem Lichtspot bzw. bei guter Beleuchtung lesen, geht es wesentlich besser.

Schrift in normaler Größe wie die, die Sie hier lesen, können Sie zwar bei schlechter Beleuchtung ohne Weiteres flüssig erkennen, es strengt Sie aber, ohne dass Sie es merken, an, Ihre Augen ermüden schneller und ein Teil Ihrer Konzentration geht verloren.

Buchstütze

Am besten sehen Sie in einem Winkel von 90 Grad auf ein Buch. Alle Buchstaben erscheinen dann gleich groß, und das Verhältnis von Länge und Breite der Buchstaben ist optimal. Je schräger Sie auf das Buch sehen, desto verzerrter sehen Sie die Buchstaben. Blicken Sie auf ein Schriftstück, das Sie schräg halten, erscheinen die Buchstaben gestaucht, das heißt, die Länge scheint kleiner bei gleicher Breite.

> Am besten sehen Sie in einem Winkel von 90 Grad auf ein Buch. Alle Buchstaben erscheinen dann gleich groß, und das Verhältnis von Länge und Breite der Buchstaben ist optimal. Je schräger Sie auf das Buch sehen, desto verzerrter sehen Sie die Buchstaben. Blicken Sie auf ein Schriftstück, das Sie schräg halten, erscheinen die Buchstaben gestaucht, das heißt, die Länge scheint kleiner bei gleicher Breite.

So wie oben abgebildet sieht Ihr Auge den Absatz, wenn Sie das Schriftstück in einem Winkel von ca. 45° vor sich halten, was leicht gegeben ist – etwa wenn Sie ein Buch flach vor sich auf dem Schreibtisch liegen haben. Natürlich können Sie es lesen, es ist aber anstrengend und ermüdet Sie.

Um einen optimalen Lesewinkel zu haben, ist eine Buchstütze ein wertvolles Werkzeug. Es gibt sehr schöne Buchstützen aus Holz oder Gusseisen, antik oder neu, rustikal oder modern. Rüsten Sie sich gut aus für Ihre Lektüre.

Sitzplatz

Sorgen Sie mit geeigneten Sitzmöbeln für ein angenehmes und aufrechtes Sitzen. Wenn der Körper auf dem Sofa oder im Bett in die halbe oder ganze Horizontale geht, schaltet bei vielen Menschen der Kopf automatisch auf Entspannung. Für den Unterhaltungsroman mag das genügen, nicht aber für anspruchsvolle Lektüre.

Frischer Wind

Das Gehirn braucht Sauerstoff und frische Luft. Das hat mehrere Gründe:

◆ Unser Gehirn verbraucht eine große Menge sauerstoffreichen Blutes, nämlich 20 Prozent des vom Herzen ausgeworfenen Blutes – und das, obwohl es nur zwei Prozent des Körpergewichts besitzt!

◆ Es hat kaum Speichermöglichkeiten für Sauerstoff: Bereits wenige Minuten nach Unterbrechung der Sauerstoffzufuhr trägt das Gehirn bleibende Schäden davon. Beim Zusammenbruch des Blutkreislaufes nimmt es lange vor den anderen Organen massiven Schaden. Drei Minuten ohne Versorgung sind für ein Gehirn kritisch, nach sieben Minuten ist alles vorbei. Der Rest des Körpers ist da nicht so empfindlich, er könnte wissenschaftlichen Erkenntnissen zufolge auch 30 oder gar 45 Minuten ohne Sauerstoffzufuhr überleben.

Ein Magen ohne Nachschub knurrt, ein Gehirn ohne Nachschub nicht. Sie fühlen sich in einem solchen Fall „irgendwie nicht ganz auf dem Damm".

Dass schlechte, sauerstoffarme Luft das Gehirn herunterfährt bzw. müde macht, kennen Sie wahrscheinlich aus schlecht belüfteten Räumen mit vielen Menschen. Sorgen Sie also dafür, dass Sie bei Kopfarbeit gut mit frischer Luft versorgt sind.

Pausen

Machen Sie häufig Pausen. Lesen Sie Näheres dazu in Kapitel 5.3. Auch bei der „Stern"-Übung in Kapitel 5.1 haben Sie gemerkt, dass eine kurze Pause und ein kurzer Abstand vom Problem Sie weiter voranbringt. Die Pausenzeit holen Sie durch die anschließend bessere Konzentration und Gedächtnisleistung wieder ein.

Atmosphäre

Lesen Sie in angenehmer Atmosphäre. Fühlen Sie sich wohl mit einem Cappuccino oder einer Tasse Tee? Wie wäre es mit einem Duftlämpchen, einem Räucherstäbchen oder leiser dezenter Musik im Hintergrund?

Sorgen Sie dafür, dass Sie sich wohl fühlen beim Lesen. So fühlen Sie sich stressfrei(er) und sind dadurch wesentlich aufnahmebereiter.

Freuen Sie sich auf Ihre Lesezeit, weil Sie sich diese schön machen. Gehen Sie ruhig und bewusst ans Werk. Bevor Sie zu lesen beginnen, halten Sie kurz inne und entspannen Sie sich. Schließen Sie Ihre Augen, atmen Sie tief durch und gehen Sie mit Ihrer Aufmerksamkeit kurz nach innen. Nach wenigen Sekunden starten Sie dann.

7.2 Lesen am Computer

Kennen Sie jemanden, der das Lesen am Computer angenehm findet? Kaum jemand liest lieber am Bildschirm als auf dem Papier: Das Lesen am Computer ist deutlich anstrengender und unangenehmer. Es wird oft noch dadurch erschwert, dass viele Leute ihre E-Mails und Schriftstücke leserunfreundlich gestalten und formatieren. Das Lesen am Bildschirm wird einfacher, wenn Sie den Bildschirm optimal einstellen und das Schriftstück lesegerecht formatieren.
Das Umformatieren eines leserunfreundlich formatierten Schriftstücks lohnt sich nicht, wenn es sich um ein kurze E-Mail handelt. Doch im „digitalen Zeitalter" werden oft seitenlange Dokumente versendet. Diese können Sie mit wenigen Mausklicks lesegerecht aufbereiten. Außerdem können Sie mit gutem Beispiel vorangehen und Ihre Schriftstücke direkt lese- und augengerecht gestalten. Wie das funktioniert, erfahren Sie im Folgenden.

Schrift

Wählen Sie eine Schrift mit Serifen, z.B. Times New Roman, in der auch diese Zeilen gesetzt sind. Serifen sind die Linien und Verzierungen, die einen Buchstabenstrich an seinen Enden quer zu seiner Grundrichtung abschließen. Man geht davon aus, dass solche Schriften leichter lesbar sind, da die Serifen die Grundlinie betonen und dadurch den Augen die Zeilenführung erleichtern.

Das, was Sie jetzt gerade lesen, ist dagegen eine Schrift ohne Serifen: Schriften dieser Art gelten als modern und werden gern für die Korrespondenz im Geschäftsleben und in modernen Medien, z.B. im Internet, benutzt.

Wie unterschiedlich die Lesbarkeit von Schriften sein kann, können Sie in der folgenden Aufgabe selbst erfahren:

Aufgabe

Der folgende Text ist in verschiedenen Schriftarten abgedruckt. Lesen Sie ihn bitte so, wie er gedruckt ist, aber auf dem Kopf stehend. Drehen Sie das Buch auf den Kopf und probieren Sie es gleich aus. Lesen Sie von jedem Absatz wenigstens ein paar Wörter. Sie werden sehen: Es gib gravierende Unterschiede in der Lesbarkeit der verschiedenen Schriften.

Der König von Patagonien
von Jens Glüsing

EIN NEW YORKER MILLIONÄR VERSUCHT SICH AM SÜDZIPFEL AMERIKAS ALS STELLVERTRETER GOTTES. ER WILL DIE NATUR IN WILDNIS ZURÜCKVERWANDELN – UND SCHAFFT ICH DAMIT EINE MENGE FEINDE.

Douglas Tompkins stürmt im Laufschritt durch den Regenwald. Bizarre Zypressengewächse und bemooste Felsen säumen den Pfad, so alt, als hätte sie der liebe Gott bei seinem Schöpfungsakt hierher versetzt. Tompkins aber würdigt sie kaum eines Blicks. Er steht unter Zeitdruck. Landschaftsplaner, Biologen und Forstexperten warten.

Tompkins ist ganz Manager. Seinen Wald führt er so effizient wie einst den Modekonzern Esprit, dessen Eigentümer er war. Jedes ärgerliche Detail registriert der Amerikaner mit seiner Digitalkamera: verrutschte Lavasteine, die Arbeiter auf dem Naturpfad hinterlassen haben, fremde Pflanzen, die nicht mit der Vegetation harmonieren.

Auf einer Lichtung streicht er über das Gras: „Diesen Boden haben Rinder zertrampelt." Jetzt wird hier eine Wiese erblühen, ein neuer Lebensraum für Tausende Tier- und Pflanzenarten.

Tompkins stellt Wildnis wieder her, so wie ein Architekt historische Bauten restauriert. Deshalb hat er diesen Flecken Erde gekauft – mitsamt dem Vulkan, dessen schneebedeckter Gipfel in der Sonne glänzt, den Gletschern, den Seen, den Wäldern, der ganzen prachtvollen Landschaft bis hin zum Horizont.

Der einstige Textilmagnat ist der schillerndste unter den Multimillionären, die sich in das Naturparadies Patagonien eingekauft haben. Auch George Soros, Ted Turner und Sylvester Stallone haben Grundstücke am Südzipfel Südamerikas erworben.

Sie kommen zum Skilaufen und zum Reiten, oder sie züchten Schafe, wie Luciano Benetton. In Patagonien ist Land billig, die Natur scheinbar noch intakt.

Doch die Idylle trügt. Holzkonzerne, Rinderzüchter und Lachsfarmer zerstören Wälder und verschmutzen Seen und Fjorde. In riesigen Sägewerken werden die letzten nichttropischen Regenwälder Südamerikas zu Chips für die Zelluloseindustrie zerhackt.

Chiles Umweltgesetze reichen nicht aus, den jahrhundertealten Baumbestand zu schützen. Ein Fall für Douglas Tompkins, 62, den umstrittensten Naturschützer des Kontinents.

Über ein verschachteltes System von Stiftungen hat der Multimillionär Dutzende Farmen erworben, die er nun wie ein Puzzle zu einem gigantischen Naturpark zusammenfügt. „Wenn man ein Ökosystem bewahren will, kann das Schutzgebiet gar nicht groß genug sein", beteuert Chiles inzwischen größter privater Grundbesitzer.

Als er Ende der achtziger Jahre in diese Gegend kam, hielten die Farmer den Gringo für einen freundlichen Spinner. Viele Großgrundbesitzer, hoch verschuldet zumeist, dienten ihm ihre Ländereien an. Tompkins zahlte gut und pünktlich, die Grundstückspreise in der Region zogen an.

Doch der scheinbar gutmütige Naturfan entpuppte sich bald als Störenfried. Er legte sich mit den Lachsfarmern an, weil sie mit

> *ihren Futterabfällen die Fjorde verschmutzen, und kämpfte gegen die Asphaltierung der Panamericana-Straße, die durch seinen Nationalpark Pumalín führt.*
>
> [...]

(© DER SPIEGEL, 26.09.2005, S. 200)

Sie haben es vermutlich gemerkt: Manche Schriften lassen sich auf den Kopf gedreht so gut wie gar nicht lesen. Diese Schriftarten können Sie, richtig herum gedreht, natürlich fließend lesen, aber das Lesen bereitet mehr Mühe bzw. ist anstrengender und verlangt höhere Konzentration. Die Folge kann dann Müdigkeit und abnehmende Konzentration sein.

Wählen Sie also für die Formatierung Ihrer Texte Serifenschriften in gut lesbarer Größe.

Zu empfehlen ist eine Schriftgröße von zehn bis zwölf Punkt; beim Zeilenabstand rate ich zu einem einfachen, eventuell auch anderthalbfachen Abstand.

Zeilenlänge

Eine Zeile, die sich über die Länge eines DIN-A4-Blattes erstreckt, ist zu lang. Das Auge liest lieber kürzere Zeilen, weil es ihm dann leichter fällt, von Zeile zu Zeile zu wandern. Eine DIN-A5-Seite oder sogar eine noch kleinere Seite ist unseren Augen schon viel angenehmer:

Der Sprung der Augen vom Ende einer Zeile nach links zum Anfang der nächsten Zeile fällt so viel leichter.

Daher werden große Buch- und Zeitungsseiten auch in Spalten gedruckt. Für die meisten Menschen ist eine Zeilenlänge von etwa zehn Zentimetern am angenehmsten.
Moderne Computerprogramme beherrschen den automatischen Zeilenumbruch, und so können Sie auf Ihrem Bildschirm das Fenster z.B. einer Mail oder eines Schriftstücks schnell mit der Maus auf die gewünschte Breite ziehen.

Absatzformatierung

Der Blocksatz lässt alle Zeilen mit dem gleichen Seitenrand beginnen und enden. Jede Zeile ist dadurch exakt gleich lang. Das ist zwar ästhetisch, gibt dem Auge aber weniger Orientierungsmöglichkeiten. Mehr Orientierung gibt der so genannte Flattersatz, bei dem die Zeilen links (respektive rechts) bündig beginnen und auf der anderen Seite abhängig von Wortlängen „flattern", also ungleichmäßig auslaufen.

Verzichten Sie auf den Blocksatz und formatieren Sie Ihr Absätze linksbündig.

Beispiel

Das ist ein Beispiel für Blocksatz. Das ist ein Beispiel für Blocksatz. Das ist ein Beispiel für Blocksatz. Das ist ein Beispiel für Blocksatz. Das ist ein Beispiel für Blocksatz.

Das ist ein Beispiel für Flattersatz. Das ist ein Beispiel für Flattersatz. Das ist ein Beispiel für Flattersatz. Das ist ein Beispiel für Flattersatz.

Bildschirmeinstellungen

Hoffentlich haben Sie keinen Bildschirm mehr mit Bildröhre. Bei dieser Technik wird das Bild -zig Mal pro Sekunde neu aufgebaut: Es flimmert. Das ermüdet das Auge.
Auch Kontrast und Helligkeit müssen richtig eingestellt sein. Halten Sie bei guter Beleuchtung ein bedrucktes Blatt neben den Bildschirm und stellen Sie die Helligkeit so ein, dass das Bild in gleicher Helligkeit und mit ähnlichem Kontrast erscheint. Probieren Sie verschiedene Einstellungen aus. Verwerfen Sie die neue Einstellung nicht gleich, Sie sollten sich erst eine Zeit lang daran gewöhnen. Haben Sie stark wechselnde Lichtverhältnisse, verändern Sie die Einstellung je nach Helligkeit (Wetterverhältnisse, Tag oder Nacht).
Die Höhe des Bildschirms sollte so sein, dass Sie auf den Bildschirm herab sehen: Die Oberkante des Bildschirms sollte knapp unter Ihrer Augenhöhe sein.

Schlusswort

Haben Sie das Buch mit all den Übungen durchgearbeitet? Dann bin ich mir sicher, dass Sie nie wieder so lesen werden, wie Sie es bisher getan haben. Es sei denn, Sie entscheiden sich einmal bewusst dazu.

Wenn Sie durch dieses Buch …
◆ an Lesegeschwindigkeit zugelegt haben,
◆ von dem Gelesenen mehr verstehen und mehr behalten,
◆ mehr Geschriebenes, das über Ihren Schreibtisch wandert, in den Papierkorb schieben,
◆ Ihre Lektüre bewusster und gezielter auswählen und
◆ dadurch Ihr Arbeitsleben erleichtern können,
habe ich mein persönliches Ziel erreicht.

Schreiben Sie mir über Ihre Erfolge und schreiben Sie mir auch, wenn ich etwas besser machen kann oder wenn Ihnen etwas nicht gefallen hat (matthias@boehme-training.de).

Für Ihr ratio(sch)nelles Lesen wünsche ich Ihnen nun viel Erfolg!

Matthias Böhme

PS: Besuchen Sie doch auch meine Internetseite (www.boehme-training.de) und informieren Sie sich über meine anderen Trainings.

Anhang

Im Folgenden finden Sie in vier Teilen die in Kapitel 4.7 erläuterten 30-Sekunden-Übungen, mit denen Sie Ihr Lesetempo trainieren können.

Konzentrationsübung Buchstaben

yih	ysr	nap	yih	cdh
jqj	jqj	moh	kwj	jly
aid	pns	xcx	aid	eai
qsi	sio	zaw	fkr	qsi
pfb	ptb	ybh	pfc	dkl
fsj	fsj	jvf	kmw	jdz
otp	mdb	ont	otp	nlq
lnn	zrz	lnn	itw	giz
vmk	xrq	kmv	oqw	vmk
lst	lst	gtw	lis	ysp
gsp	gsp	pcg	mxv	gsp
ayx	okd	aab	ayx	gmn
die	imh	fwj	euf	dei
xld	xkq	xld	xwf	ejh
pnx	qoa	pnx	gkb	mvo
evv	fea	hee	ubj	eww
jph	ita	jhp	auy	jph
cgs	vft	xgk	cgs	lfm
mqb	imz	mqb	kpb	ljr
zaw	rxg	zaw	znw	pbe
geo	qeo	deo	zyz	iaz
txm	txm	txm	liy	xjb
mon	syw	mbi	mon	dmt
mne	ljv	mzn	zqy	mne
bii	cyk	biw	bii	wtc

Konzentrationsübung Wörter

maus	haus	raus	maus	meer
kind	sind	kinn	kind	kind
will	soll	wild	roll	will
hose	rose	hose	rost	hast
ball	fall	soll	bade	ball
mund	mund	rind	rund	muse
krug	klug	klar	krug	kran
buch	bumm	buch	such	auch
habe	hast	habe	halb	rabe
vier	bier	drei	viel	vier
emil	emil	emma	mail	emil
fass	fraß	fass	glas	maße

Konzentrationsübung Zahlen

273	293	613	273	714
587	587	364	636	857
475	475	469	819	325
673	407	351	763	673
840	794	443	840	340
150	422	188	540	150
987	907	987	770	385
793	741	739	194	496
375	375	368	510	446
870	522	870	558	870
965	750	477	954	965
169	374	169	428	169
157	571	157	341	351
655	804	893	655	395
904	904	334	993	720
336	344	969	333	336
270	511	270	220	207
529	529	695	332	776
616	616	223	616	648
183	642	180	803	183
628	961	620	775	628
845	221	834	530	845
530	915	305	135	661
327	327	658	156	694
236	911	236	784	581

saum	saum	kaum	saal	raum
sein	wein	rein	sieb	sein
mich	dich	mich	mein	mich
arme	rute	mute	arme	bein
toll	tobe	voll	roll	toll
acht	acht	wach	neun	echt
wald	wild	bald	halt	wade
dein	mein	rein	dein	mein
blau	gelb	blau	laub	laus
berg	burg	berg	werk	borg
fein	wein	rein	sein	fein
mode	müde	mole	mode	mode
grau	grau	grab	blau	maus

Teil B

Konzentrationsübung Buchstaben

bswm	timm	qwol	bswm	bsta
pkcp	thpo	wods	pkcp	pgqp
pkcp	ilxu	yuhc	rfei	fbad
bsim	impk	tkbs	plcy	bsim
ythv	ythv	hbke	ythv	kclw
qxtg	jrxg	qxtg	qbai	wucd
geug	gmaz	geug	guzu	atrs
hzpd	ztpt	bseb	hsxv	hzpd
jdjt	qomo	kujt	xqnq	jdjt
mqum	ezhu	mqum	kokp	mqqg
xrhc	ztqc	dzxz	xrhc	xulm
upyw	lzww	gvki	upyw	bjfv
dhnw	wpeb	ddfi	dhnw	jiyb
uepa	uepa	usza	rnnu	uzkt
ykjq	ykjp	jqbx	apar	gwyk
urok	nvwx	ybrg	uwtk	urok
hnhh	nhhn	nhnn	hnhh	lrhu
cusr	kwiu	tcfe	cusr	njct
ctml	edge	tcfe	ctml	ctzu
eepd	pbzc	eepd	eeic	iioe
apwj	rova	gyks	cuwj	apwj
avvd	raki	avvd	wogk	lvvt
whvj	aavx	whvj	gwpw	wbcj
ancx	ztug	azvx	mogs	ancx
hcvk	bepy	fett	hcvk	utvg

Konzentrationsübung Wörter

tisch	stuhl	fisch	tacho	tisch
traum	tramm	flaum	ramme	traue
macht	sacht	recht	achte	macht
biegt	siegt	liegt	biegt	liegt
finger	ring	singe	finger	figur
sucht	sucht	sucht	wucht	suche
blase	rase	blase	base	phase
heute	morgen	heute	häute	leute
herz	schmerz	hetze	herz	herr
schaum	raum	schaum	traum	schraub
schuss	schloss	schule	bloss	schuss
holz	hols	holz	bolz	holz

Konzentrationsübung Zahlen

6102	4502	2409	6102	3316
5720	5576	5720	6210	4383
6690	6590	9332	5908	6620
7736	5302	6327	3200	7736
5302	5302	2665	1134	5302
3345	5302	3345	5433	8601
7472	8942	3442	7472	7227
4545	1484	4545	8181	1338
3813	3813	9627	7433	5885
2092	7578	7870	5098	2092
6216	6480	1499	6216	2276
4362	4362	5162	7835	1015
7693	9117	7655	7693	3577
1175	2565	9291	1716	1115
9955	6956	8637	9529	9955
6471	4251	6471	7261	8726
8390	8870	5186	8390	7626
5828	4976	3454	5828	2608
6369	4084	9123	6369	3763
8905	6369	8905	8765	7671
9851	1999	9851	9401	4033
9839	9839	2184	9969	3319
8952	1157	3485	8952	4758
8424	7520	6788	2524	8424
1605	4319	1605	1668	8700

stift	lift	stall	stoff	stift
liebe	hiebe	liebe	kuss	siebe
sage	labe	waage	stiege	sorge
papa	mama	papa	pappe	rappe
licht	ficht	lampe	licht	light
stein	stoß	stein	stehen	stein
heft	echt	heft	recht	recht
rauch	brauch	rauh	rauch	auch
susi	sieben	suse	susi	susi
dach	flach	buch	dach	dasch
buche	buche	fichte	bursche	bach
decke	dackel	ducken	decke	welche
bohren	hören	busen	bohren	besen

Konzentrationsübung Buchstaben

tmcuu	tmztl	tmcuu	qnpdk	taocu
htmyy	hqwhi	drpod	kyyjh	htmyy
rcmne	rceye	rcmne	llufx	utcei
otvao	tsklj	mgkao	otvao	volap
ahvhx	yzhyw	akoox	fncph	ahvhw
notml	notml	meewk	pznot	enhas
bhpeq	peqpx	bhpeq	baeyp	bhpeq
vseto	phxop	vseto	ffxey	iyeip
yijrs	yijrs	vvzjq	oeqpu	yswyo
hieuy	hmzgn	aadhy	bmkre	hieuy
untxb	unwpj	opdlb	untxb	wqlnw
ofzjp	mvstj	uptmt	ofzjp	zmhjp
yjywl	ycntp	mwgah	zammd	yjywl
wxbcp	ccuzb	wxbcp	wxhyk	kzocp
kotdc	kreop	ayrat	klmlc	kotdc
yonjm	vcvxo	wagzk	fdica	yonjm
udxej	udxej	xutap	uvoeu	wpkzp
twjfg	zxubj	twgps	fbzfg	twjfg
rxfda	xhonr	bqjfj	rfuxa	rxfda
mprnl	Efnlw	mprnl	lgpye	bxmpp
zjhjc	zvils	wrhge	zjhjc	arrsc
homai	homai	bqumv	huadv	djdzai
hevlt	qttxj	hevlt	qqmyy	zjgap
axsuu	sukdj	axsuu	wygvc	tcyax
ypjyp	ecqlx	oclsp	swfmz	ypjyd

Konzentrationsübung Wörter

schlucht	schluck	schaal	schluss	schlucht
laufen	raufen	saufen	laufen	rufen
schneider	ruder	schneien	nadel	schneider
sorte	hort	forte	sorte	porta
schäumt	räumt	säumt	schäumt	schaum
schuppe	fisch	suppe	puppe	raupe
lampe	licht	lampe	lupe	rampe
tisch	fisch	stuhl	tisch	rasch
zeiten	zeiten	leiten	reiten	zeitung
schule	buhlen	schuhe	schule	schüler
sinken	winken	klinken	sinken	stinken
welle	tolle	welle	wellness	wege

Konzentrationsübung Zahlen

71427	80903	31074	71427	15641
98585	98585	83789	68669	29728
62978	62978	98420	68106	61210
31244	29789	12290	79397	31244
73283	70174	63028	61350	73283
54653	69128	54653	19950	70287
72072	90054	75074	72072	14781
72767	70858	69092	72767	58315
68861	91859	35930	68861	61855
55414	70790	55414	96737	33719
96583	35307	21788	47081	96583
98187	98187	89296	94410	20132
20920	25636	88552	74212	20920
15482	43947	87780	15482	76003
87967	74877	87967	31472	81891
36029	35002	36029	66519	85415
38034	99409	34996	41654	38034
45343	54997	45345	86940	10162
36471	63742	36471	53228	47095
61234	71193	62426	61234	61061
50951	90557	50951	20695	34982
37636	37636	39860	57441	82526
86989	86989	19871	51193	65950
41885	44562	27902	41885	88390
41885	41885	99928	67345	41885

tore	türe	tobe	tore	teben
roller	voller	rolli	völler	roller
winter	winter	herbst	stinker	hinter
schaden	schaden	schalten	schädel	haben
mähen	meckern	mähen	mahlen	malen
sachte	machte	sachte	sache	stachel
sieben	acht	rieben	fliegen	sieben
kropf	kropf	kopf	kampf	krampf
waage	wange	wiegen	wägen	wogen
sorgen	borgen	sorgen	borgen	soog
tackten	fakten	knacken	tackten	fackeln
sprossen	sprießen	soßen	sprossen	spreizen
streiten	seiten	reiten	streiten	pleiten

Teil D

Konzentrationsübung Buchstaben

rtratr	giijlt	rtratr	etnskp	iodtkq
gjzycn	xjslqd	gjzycn	gwitfu	zacywx
oajuza	oajuza	qojbxw	oajuza	giggju
gqdotn	ozoywx	fhulzq	gqdotn	oyxdui
tjryoe	mbsyzq	tjryoe	sehwkb	vjdcuk
oljoqe	bzaxfs	rwxxvv	lhfnox	oljoqe
dnfrxe	vaummf	dnfrxe	usgmid	dofsgb
levvzh	fahufl	pokhcr	qjqyjs	dhhphi
qdlvjy	qdlvjy	ehukth	cnhyqv	esjfkl
hcuiyo	ncxzvi	hcuiyo	mizhga	iijxox
zflgvz	ylwncv	ljvvpc	zflgvz	astspv
aszzxw	vtogxe	cswweg	usltks	aszzxw
sginwh	sginwh	peqjjs	feihyt	levvzh
asklvp	kleymt	lrohwi	asklvp	xmfhnd
sqgrel	sqgrel	ijbsjd	ucsbkc	xqyxgg
khoyoc	rapmkh	qmvynj	khoyoc	khoyoc
kzonns	inxcyj	azjdes	whngwd	kzonns
ukoksn	famrgs	ukoksn	uxoogj	rmcxty
lxvuir	njjkdq	xzivlk	obulgm	lxvuir
objega	objega	ptlwds	hqcsdw	lbxfud
rqskvg	ojliyq	rqskvg	yahmkr	tbruio
cggtdt	cggtdt	ifuokd	nmskao	wnhtsr
fsnvho	dvlvkw	ovocus	sqsaeo	fsnvho
xnrsaj	xnrsaj	omlfwo	xnrsaj	kjphbl
bkvhqy	arcrjm	bkvhqy	ikhrco	vxhzyx

Konzentrationsübung Wörter

Regen	Segen	Segel	Regen	Regel
Bürgersteig	Bürgerhaus	Bürgerpflicht	Bürgersteig	Bürgerrecht
Steuersatz	Satzzeichen	Streusalz	Steuersatz	Finanzamt
Schneiderei	Bäckerei	Schneiderei	Einerlei	Schneiderei
Protokoll	Protokoll	Portokosten	Prokurist	Portokosten
Maßband	Maßanzug	Fließband	Maßband	Zollstock
Stoppuhr	Stoppschild	Schilderwald	Stoppuhr	Ziffernblatt
Teuerung	Steuerung	Teuerung	Treuhand	Steuermann
Diplomat	Diplomat	Diplom	Magister	Politiker
Fußball	Redeschwall	Weltmeister	Fußball	Handball
Filzstift	Filzstift	Buntstift	Filzpantoffel	Hausschuhe
Weltkugel	Kugellager	Kuhhandel	Weltreise	Weltbürger

Konzentrationsübung Zahlen

154244	400009	426925	154244	953500
451013	845889	647091	411956	451013
333514	565930	775906	578454	333514
497100	849871	497100	393582	958389
545166	545166	359661	186682	545166
929907	837841	597460	929907	947018
904226	557113	478204	904226	277703
594165	594165	909445	593670	328817
898596	475842	880029	873602	898596
283883	283883	364880	708642	774917
271688	860226	271688	125405	178689
356997	189099	356997	356997	234829
961383	496469	990277	961383	174020
557662	557662	694058	917163	618087
738031	353262	738031	350213	152459
738415	664669	615368	218844	738415
438186	449255	179623	435659	168939
504461	686148	369741	504461	620312
302011	433187	302011	257324	703533
656512	985470	656512	607540	968194
336590	276495	336590	183825	161770
498089	612127	829135	361914	498089
178332	178332	744073	158474	137463
131805	413110	361117	131805	131805
757531	583233	461697	757531	438186

Kaiserkrone	Baumkrone	Kaiserkrone	Baumhaus	König
Schalter	Schulter	Alter	Schnuller	Schalter
Absatz	Abstrich	Strichliste	Absatz	Umsatz
Winter	Winter	Herbst	Stinker	Intern
Vollmacht	Vollmacht	Vollmacht	Volmer	Großmacht
Haftung	Achtung	Vorsicht	Haftung	Haft
Hülle	Müll	Hülle	Gülle	Fülle
Wunde	Wunder	Pflaster	Wunsch	Wunde
Wagnis	Wildnis	Wagnis	Waage	Wald
Becher	Stecher	Rechner	Becher	Trinkglas
Zeitschrift	Illustrierte	Zeitschrift	Schriftzug	Spiegel
Literatur	Litauen	Vortrag	Literatur	Bücher
Zauber	Saubär	Zuber	Sauber	Zauber

Literaturverzeichnis

Buzan, Tony: Speed Reading. Schneller lesen, mehr verstehen, besser behalten. München 2007.

Scott, Martin: Zeitgewinn durch Selbstmanagement. Frankfurt/Main 2006.

Spitzer, Manfred: Lernen. Gehirnforschung und die Schule des Lebens. München 2006.

Zielke, Wolfgang: Handbuch der Lern-, Denk- und Arbeitstechniken. Bindlach 1995.

Internetlinks

http://www.onjoph.com/
http://www.auge-online.de
http://arbeitsblaetter.stangl-taller.at/
http://www.allpsych.uni-giessen.de/karl/teach/aka.htm
http://www.allesgelingt.de/schnelleslesen/schnelleslesen.php
http://www.boersenverein.de/

Über den Autor

Matthias Böhme begann seine ersten Trainertätigkeiten vor 15 Jahren und arbeitet seit acht Jahren als hauptberuflicher Trainer mit den Arbeitsschwerpunkten effizientes Lesen, Gedächtnistraining, Kreativitätstechniken, Creativ Mind Mapping und Lerntechniken.

Seine sonstigen Berufserfahrungen reichen von Support und Kundenbetreuung (große Versicherung) über Vertriebsarbeit im Key-Account (weltgrößter PC-Direktvertreiber) bis zum Aufbau einer Trainingsabteilung in einem mittelständischen Systemhaus.

Stichwortverzeichnis

30-Sekunden-Übung 62 ff.

Im Kontext.

Der Band erklärt, wie ganz-
heitliches Gedächtnistraining
mit bildhaftem Vorgehen
funktioniert, und stellt
grundlegende Merktech-
niken vor. Kombiniert eingesetzt ermöglichen sie
vielfältige und komplexe
Anwendungen. Beein-
druckende Beispiele
zeigen, wie man
üben kann.

Annette Brunsing
Gedächtnistraining
136 Seiten, kartoniert
ISBN 978-**3-589-21965-0**

Informationen zu weiteren Titeln der Reihe
POCKET BUSINESS erhalten Sie im Buchhandel oder
unter **www.cornelsen.de/berufskompetenz**

Cornelsen Verlag
14328 Berlin
www.cornelsen.de